中国人民大学研究报告系列

中国各地区财政发展指数报告

2022

CHINA'S REGIONAL FISCAL DEVELOPMENT INDEX REPORT

主　编　马光荣　吕冰洋

中国人民大学出版社
· 北京 ·

总序

陈雨露

当前中国的各类研究报告层出不穷，种类繁多，写法各异，成百舸争流、各领风骚之势。中国人民大学经过精心组织、整合设计，隆重推出由人大学者协同编撰的“研究报告系列”。这一系列主要是应用对策型研究报告，集中推出的本意在于，直面重大社会现实问题，开展动态分析和评估预测，建言献策于咨政与学术。

“学术领先，内容原创，关注时事，咨政助企”是中国人民大学“研究报告系列”的基本定位与功能。研究报告是一种科研成果载体，它承载了人大学者立足创新，致力于建设学术高地和咨询智库的学术责任和社会关怀；研究报告是一种研究模式，它以相关领域指标和统计数据为基础，评估现状，预测未来，推动人文社会科学研究成果的转化应用；研究报告还是一种学术品牌，它持续聚焦经济社会发展中的热点、焦点和重大战略问题，以扎实有力的研究成果服务于党和政府以及企业的计划、决策，服务于专门领域的研究，并以其专题性、周期性和翔实性赢得读者的识别与关注。

中国人民大学推出“研究报告系列”，有自己的学术积淀和学术思考。我校素以人文社会科学见长，注重学术研究咨政育人、服务社会的作用，曾陆续推出若干有影响力的研究报告。譬如自2002年始，我们组织跨学科课题组研究编写的《中国经济发展研究报告》《中国社会发展研究报告》《中国人文社会科学发展研究报告》，紧密联系和真实反映我国经济、社会和人文社会科学发展领域的重大现实问题，十年不辍，近年又推出《中国法律发展报告》等，与前三种合称为“四大报告”。此外还有一些散在的不同学科的专题研究报告，也连续多年在学界和社会上形成了一定的影响。这些研究报告都是观察分析、评估预测政治经济、社会文化等领域重大问题的专题研究，其中既有客观数据和事例，又有深度分析和战略预测，兼具实证性、前瞻性和学术性。我们把这些研究报告整合起来，与人民大学出版资源相结合，再做新的策划、征集、遴选，形成了这个“研究报告系列”，以期放大规模效应，扩展社会服务功能。这个系列是开放的，未来会依情势有所增减，使其动态成长。

中国人民大学推出“研究报告系列”，还具有关注学科建设、强化育人功能、推进协同创新等多重意义。作为连续性出版物，研究报告可以成为本学科学者展示、交流学术成果的平台。编写一部好的研究报告，通常需要集结力量，精诚携手，合作者随报告之连续而成为稳定团队，亦可增益学科实力。研究报告立足于丰厚素材，常常动员学生参与，可使他们在系统研究中得到学术训练，增长才干。此外，面向社会实践的研究报告必然要与政府、企业保持密切联系，关注社会的状况与需要，从而带动高校与行业企业、政府、学界以及国外科研机构之间的深度合作，收“协同创新”之效。

为适应信息化、数字化、网络化的发展趋势，中国人民大学的“研究报告系列”在出版纸质版本的同时将开发相应的文献数据库，形成丰富的数字资源，借助知识管理工具实现信息关联和知识挖掘，方便网络查询和跨专题检索，为广大读者提供方便适用的增值服务。

中国人民大学的“研究报告系列”是我们在整合科研力量，促进成果转化方面的新探索，我们将紧扣时代脉搏，敏锐捕捉经济社会发展的重点、热点、焦点问题，力争使每一种研究报告和整个系列都成为精品，都适应读者需要，从而铸造高质量的学术品牌、形成核心学术价值，更好地担当学术服务社会的职责。

目 录

第一章　研究背景与意义

财政是国家治理的基础和重要支柱。加快建立现代财政制度，是推进国家治理体系和治理能力现代化的客观需要。我国是一个面积和人口双重意义上的大国，出于国家治理的需要，中央在集中统一领导的前提下，将很大比例的财政事权、支出责任和财力给予了地方政府，以更好地调动地方政府的积极性，更加因地制宜地制定公共政策。我国全口径财政支出中地方支出占比达91%，全口径财政收入中地方收入占比达到75%。若仅计算公共财政预算口径的话，则地方支出占比为86%，地方收入占比为55%。地方政府承担着大量事权与支出责任，地方财政运行在支撑经济社会发展当中起着关键作用，是发挥“中央和地方两个积极性”体制机制的重要组成部分，是国家治理基础当中的基础。

与此同时，作为一个大国，我国地方财政发展存在着地区不均衡的问题。各地区在财政收入稳健、财政支出优化、债务可持续、社保基金可持续、预算管理规范等多方面仍然存在诸多不均衡之处。地方财政发展不均衡很大程度上源于各地区经济发展和制度建设水平的差异，并且反过来又扩大了各地区公共服务提供的差距，不利于各地区经济社会的均衡与协调发展。在扎实推进共同富裕、促进高质量发展的进程中，一个重要的政策着力点，就是通过优化财政体制，促进地区间财政发展的均衡，进而带动公共服务提供的均衡和经济社会发展的均衡。

本报告构建了各地区财政发展指数，从财政收入、支出、平衡、管理与公共服务提供等多个维度，全方位刻画了各省（区、市）财政运行情况，反映了地方财政发展的变动趋势与区域差异，具有重要的理论和现实意义。从理论角度看，本报告设计了财政发展指数的研究框架，定量刻画了我国各省份的财政发展情况，为地方财政在不同维度的比较提供了参考。从现实角度看，本报告不仅对各地区财政发展进行了数据“画像”，还形成了地方财政的“体检报告”，反映了地方财政发展过程中的成绩与不足，可以为加快构建现代财政制度，完善“权责清晰、财力协调、区域均衡”的中央与地方财政关系提供决策依据，为破解不平衡不充分发展问题、促进高质量发展锚定重要政策着力点。

第二章　中国各地区财政发展指数编制理论方法

2.1　总编制思路

财政发展是指财政职能得到有效履行，支持经济社会的发展，服务于国家治理体系和治理能力现代化。因此，构建财政发展指数，应该全方位、全要素、全过程反映财政是否有效履行了其职能。从实现路径上看，财政职能的有效履行，有赖于稳健充裕的财政收入、优化的支出结构、可持续的债务水平、规范的预算管理，这四个方面恰好就对应“收、支、平、管”四个财政基本维度。从最终实现结果上看，财政职能的有效履行，应该首先体现为高水平、均等化的公共服务体系的建立。综合以上方面，中国各地区财政发展指数从财政收入、支出、平衡、管理与公共服务提供五大方面对各省（区、市）的财政发展情况进行定量刻画。

2.2　各方面指数编制思路

2.2.1　财政收入

财政收入是衡量政府财力状况的重要指标。财政收入的充裕与稳健情况决定了政府提供公共服务的能力。本报告从规模和结构两个角度衡量财政收入稳健程度。

首先，在规模方面，使用人均财政收入（亦即人均一般公共预算收入）进行度量。该指标反映各省（区、市）财政收入规模的横向差距以及随时间推移而产生的的纵向变动。

其次，在结构方面，使用以下三个指标：其一，税收收入占比。在财政收入中，非税收入的筹措依据的是行政性规章制度，而税收收入的筹措需遵循税收法定原则，因此，税收收入占比反映了财政收入体系的法治化、规范化程度。其二，大税占比，即增值税、企业所得税、个人所得税和营业税①收入占税收收入的比重。增值税、企业所得税、个人所得税和营业税四大税种与实体经济的关系最为密切，四大税种收入占税收收入的比重能够体现财政收入在实体经济发展中的受益程度，从而反映财政收入的质量。其三，土地财政依赖度，即土地出让收入与一般公共预算收入之比。在“四本预算”的地方财政全口径收入中，除了一般公共预算收入外，政府性基金预算收入中的土地出让收入同样举足轻重。但是，过高的土地财政依赖度在一定程度上会降低财政收入体系的法治化程度，而且土地出让金与房地产市场景气度紧密相关，房地产市场的高波动性会导致土地出让金经常出现大幅波动，不利于地方财政的稳定与可持续。因此本报告使用土地出让收入与一般公共预算收入之比来衡量地方政府对土地财政的依赖程度，并将其作为财政收入稳健程度的负向指标。由于国有资本经营预算收入数额非常小，社保基金预算的收支具有一定独立性，因此在财政收入的结构上，本报告未予以考虑。当然，社保基金收支状况关乎其可持续性，本报告在下面的财政收支平衡部分再予以考虑。

综上所述，财政收入稳健指数选取人均财政收入、税收收入占比、大税占比和土地财政依赖度四个指标作为反映财政收入情况的分项指标。其中前三个分项指标为正向指标，土地财政依赖度为负向指标。相比于结构，规模是影响财政收入稳健程度的更重要方面。因此，人均财政收入的权重设为70%，税收收入占比、大税占比和土地财政依赖度的权重各为10%。

2.2.2 财政支出

财政支出反映了政府资金的投向，代表了政策调控的动向和国计民生的发展方向。合理优化财政支出强度与结构，是国之大计落实落地的重要保障。因此，本报告从规模和结构两个方面度量财政支出优化情况。

首先，在规模方面，使用人均财政支出即人均一般公共预算支出进行度量。

其次，在结构方面，通过教育支出、医疗支出、社会保障支出、科技支出、环保支出、行政管理支出与财政投资性支出在财政支出中所占的比例进行度量。其一，重点考察财政支出是否向民生性支出倾斜。习近平总书记强调：“要着力补齐

---

① 国内营业税已于2017年全部经过“营改增”改革改为增值税，因此2017年及以后的大税种收入仅有国内增值税、企业所得税和个人所得税三大税种筹措的收入。

民生短板，破解民生难题，兜牢民生底线"，"使改革发展成果更多更公平惠及全体人民"。教育、医疗和社会保障支出反映了政府对基础性、普惠性、兜底性民生保障建设的投入，反映了政府对保障和改善民生的关注度。其二，政府在科技方面的投入是促进科技创新、补短板的重要推力，对推进创新发展战略、实现科技自立自强有着重要意义。其三，环保支出是生态文明建设的重要保障，是建设美丽中国、实现人与自然和谐共生的重要政策工具。其四，行政管理支出是国家行政机关行使职能过程中的支出，压缩行政管理费用、严控"三公"经费、取消低效无效支出是提高财政资金使用效率的要求，是政府过紧日子、精打细算，使宝贵的财政资源发挥出最大效益的体现。其五，财政投资性支出是指将财政资金投资于外部性较强的基础设施和产业，但是在市场经济体制下，财政应逐步由"建设财政"向"公共财政"转型，因此我们将财政投资性支出占比设置为负向指标。

综上所述，财政支出优化指数选取人均财政支出作为反映财政支出规模的分项指标，选取教育支出占比、医疗支出占比、社会保障支出占比、科技支出占比、环保支出占比、行政管理支出占比和财政投资性支出占比作为反映财政支出结构的分项指标。其中，前六个分项指标为正向指标，行政管理支出占比和财政投资性支出占比为负向指标。在权重上，人均财政支出的权重为30%，七个结构性指标的权重均为10%。

2.2.3　财政收支平衡

备豫不虞，为国常道。党的二十大报告指出要防范化解重大风险，统筹发展与安全。在财政收入增长乏力、财政支出刚性增长的背景下，地方政府面临日益增大的财政压力，地方债务持续膨胀，财政可持续性遇到较大挑战。财政风险与金融风险存在相互外溢的现象，化解地方债务风险是防范化解重大风险的关键。完善规范、安全、高效的政府举债融资机制，加强地方政府债务管理，切实防范和化解债务风险，是增强财政可持续性的必然要求。

财政可持续性是指国家或地区财政存续的状态和能力，即未来一段时间政府财政状态能够持续支持其履行公共服务提供的职能①。财政可持续性的关键在于政府债务能得到及时偿还，财政可持续性往往体现为政府债务可持续性。债务可持续性最直观的测算方法是使用债务比率指标测算。1992年欧盟《马斯特里赫特条约》规定，赤字率（赤字占GDP的比重）不得超过3%，负债率（债务余额占GDP的

---

① Buiter W H, Persson T, Minford P. A guide to public sector debt and deficits. Economic Policy, 1985, 1 (1): 13-79.

比重）不得超过60%，这两个指标也被视为测度财政可持续性的重要标准①。这一方法的优点是直观明了、易于计算，这两个指标也因此成为政策制定者的重要参考指标。在此基础上，一些学者进一步拓展了财政可持续性指标体系，例如使用债务率（政府债务余额/当年政府综合财力）、利息负担率（当年债务利息支付/当年政府综合财力）反映政府偿还债务的能力，其中前者的警戒线通常为120%，后者通常为10%。这两个指标的优点是可以直接度量当期财政的债务还本付息压力。从这两个指标中也可以看出，长期累积的债务规模越大，当前财政收入越低，当前偿债风险就越高，财政也就越难以持续。

综上所述，本研究使用债务可持续指数反映财政收支平衡状况。债务可持续指数选取显性负债率、显性债务率、广义负债率、广义债务率、一般债利息负担率、专项债利息负担率六个分项指标，其均为负向指标。负债率的分母是地区生产总值，债务率的分母是政府综合财力。广义债务是显性债务与隐性债务之和，显性债务是指纳入财政预算的政府债务余额，隐性债务是各地方政府在法定政府债务限额之外直接或承诺以财政资金偿还等方式举借、未纳入预算的债务。隐性债务的测算并没有统一的口径，参考已有文献的做法②，我们使用地方发债融资平台的有息债务余额衡量。

六个分项指标当中，前四个指标分子均为债务存量，后两个指标分子为当年的债务付息，反映地方政府当前的付息压力。由于一般债的利息支出列入地方政府一般公共预算支出表中，专项债的利息支出列入地方政府性基金预算支出表中，因此前者使用一般债务付息支出占当年一般公共预算支出的比重衡量，后者使用专项债务付息支出占当年政府性基金预算支出的比重衡量。《国务院办公厅关于印发地方政府性债务风险应急处置预案的通知》也明确使用这两个指标度量地方债务风险，并且规定，市县政府年度一般债务付息支出超过当年一般公共预算支出10%的，或者专项债务付息支出超过当年政府性基金预算支出10%的，债务管理领导小组或债务应急领导小组必须启动财政重整计划。2018年，四川资阳市的雁江区、安岳县因专项债务付息支出占政府性基金支出比重超过10%而实施了财政重整③。

社保基金专款专用，在“四本预算”当中相对独立，其收支平衡也是财政可持

① 马拴友. 中国公共部门债务和赤字的可持续性分析：兼评积极财政政策的不可持续性及其冲击. 经济研究，2001 (8)：15－24；刘楠楠，侯臣. 我国地方政府债务的可持续性分析. 经济学家，2016 (7)：50－57.

② 吴敏，曹婧，毛捷. 地方公共债务与企业全要素生产率：效应与机制. 经济研究，2022，57 (1)：107－121.

③ 安岳县2017年决算报告显示，2017年政府性基金支出4.45亿元，其中专项债务付息支出1.21亿元，占比为27.19%。

续的一个重要方面。《中华人民共和国国民经济和社会发展第十四个五年规划和2035年远景目标纲要》提出，要健全多层次、可持续的社会保障体系。以养老保险和医疗保险为代表的社保基金是社会保障体系的重要组成部分。随着人口老龄化程度加深，社保基金的长期平衡压力逐渐增大，其盈余情况关系到社会保障制度的可持续性。因此，本研究在债务可持续指数外，还构建了社保基金可持续指数度量财政平衡状况，包括养老保险抚养比、养老保险基金盈余率、养老保险基金人均累计结余和医疗保险基金盈余率四个分项指标，其中养老保险抚养比是负向指标，后三个指标均为正向指标。

2.2.4　预算管理

预算管理贯穿财政工作的全过程，完善的预算制度是提高财政资源配置效率和使用效益的制度保障。党的二十大报告指出要健全现代预算制度。现代预算制度的核心原则是全面规范透明、标准科学、约束有力。我们构建的预算管理规范指数包括财政支出预决算偏离度、审计违规金额占比和财政透明度三个分项指标。

其一，财政支出预决算偏离度为负向指标。政府预算的实际执行与编制情况应该尽可能保持一致，不应出现大额的超支或短支情况。财政支出预决算偏离度过大在一定程度上表明财政编制不够科学、执行不够规范，其会提高财政政策不确定性，影响市场微观主体的预期，进而影响国家经济调节的效果，不利于财政的长期稳定。

其二，审计违规金额占比，即审计违规金额与一般公共预算支出决算数之比，为负向指标。审计是国家治理体系中的免疫系统，一方面监督财政预算资金合理有效地使用，另一方面对财政决算情况做出客观的鉴定与公证，及时发现和报告问题，为财政管理提供改进措施。审计违规金额反映了财政资金使用过程中存在的问题。

其三，财政透明度数据来自清华大学及四川大学编写的中国市级政府财政透明度研究系列报告，取各省份所有的地级市透明度得分均值作为该省份的财政透明度得分，其为正向指标。财政透明要求将政府预算及时、系统地进行充分披露，是公民知情权的重要保证，是打造阳光政府、透明财政的重要内容。

2.2.5　公共服务提供水平与均等化

公共财政取之于民，用之于民。提供基本公共服务是保障和改善民生、满足人民日益增长的美好生活需要的重要举措。优化基本公共服务的提供，既是“做大蛋糕”的措施，又是“分好蛋糕”的机制，有助于促进社会和谐和公平正义。根据党的二十大报告的精神，应当着力缩小基本公共服务差距，使各地区人民群众享有均等化的基本公共服务，实现社会发展成果的共享。

本研究设计了基本公共服务指数和省内①财政均衡性指数两大方面指数，分别反映各省份基本公平服务的总体水平和省内各城市间的财政均衡性。基本公共服务指数选取义务教育生师比、每千人口卫生技术人员、人均图书馆藏书量、道路覆盖率和每千人口民政机构床位数作为分项指标，其均为正向指标。省内财政均衡性指数选取省内各市人均财政收入差距、省内各市人均财政支出差距、省内转移支付均等化力度和省内各市基本公共服务差距四个分项指标，其中省内转移支付均等化力度为正向指标，其余三个为负向指标。

2.3 指标体系

2.3.1 指标选取原则

中国各地区财政发展指数分项指标的设置和选取遵循以下原则：

1. 综合性

由于单个指数只能从特定角度反映财政发展的情况，因此我们对每一方面都选用不同的分项指数进行度量。最终的指标设置应紧扣财政发展的核心方面，能够客观、综合、全面地反映财政运行的实际情况与发展变化趋势。

2. 代表性

对于不同的方面指数，我们都选用三个或者三个以上的分项指标从不同角度进行刻画。选取的指标应当经得起理论检验，同时满足实际分析需要，至少能在一定程度上、一定时期内近似地反映某一方面的实际情况。

3. 客观性

财政发展指数大多采用官方公布的统计指标，官方的指标定义、样本选择与统计方法更为科学合理，能够准确、真实地反映财政运行的实际情况。

4. 可得性

财政发展指数是我国各地区财政运行情况的综合反映，数据基本源于我国各地区的统计实践。最终选取的指标应当是可度量的，并且是能够实际取得的。数据主要取自官方统计指标。所有指标数据按年度统计，确保数据的时效性。

① 所用数据涉及23个省（区），为行文方便，使用“省内”一词。

2.3.2　指标体系构建

财政发展指数由 7 个方面指数和 34 个分项指标构成（见表 2－1）。在 7 个方面指数中，财政收入稳健指数反映财政收入情况，包括 4 个分项指标；财政支出优化指数反映财政支出情况，包括 8 个分项指标；债务可持续指数和社保基金可持续指数反映财政可持续性，前者包含 6 个分项指标，后者包含 4 个分项指标；预算管理规范指数反映预算管理情况，包括 3 个分项指标；基本公共服务指数和省内财政均衡性指数分别反映各省份基本公共服务总体水平与省内各市间的财政均衡情况，前者包含 5 个分项指标，后者包含 4 个分项指标。

表 2－1　财政发展指数构成一览表

指标名称	指标方向	权重	指标类别	定义
1. 财政收入稳健指数		**100%**	**方面指数**	
1a 人均财政收入	正向	70%	分项指标	一般公共预算收入/人口（剔除价格因素）
1b 税收收入占比	正向	10%	分项指标	税收收入/一般公共预算收入
1c 大税占比	正向	10%	分项指标	（增值税＋企业所得税＋个人所得税＋营业税）/税收收入
1d 土地财政依赖度	负向	10%	分项指标	土地出让收入/一般公共预算收入
2. 财政支出优化指数		**100%**	**方面指数**	
2a 人均财政支出	正向	30%	分项指标	一般公共预算支出/人口（剔除价格因素）
2b 教育支出占比	正向	10%	分项指标	教育支出/一般公共预算支出
2c 医疗支出占比	正向	10%	分项指标	医疗支出/一般公共预算支出
2d 社会保障支出占比	正向	10%	分项指标	社会保障支出/一般公共预算支出
2e 科技支出占比	正向	10%	分项指标	科技支出/一般公共预算支出
2f 环保支出占比	正向	10%	分项指标	环保支出/一般公共预算支出
2g 行政管理支出占比	负向	10%	分项指标	一般公共服务支出/一般公共预算支出
2h 财政投资性支出占比	负向	10%	分项指标	固定资产投资资金来源中的“国家预算资金”/一般公共预算支出
3. 债务可持续指数		**100%**	**方面指数**	
3a 显性负债率	负向	20%	分项指标	地方政府一般债券与专项债券余额之和/地区生产总值

续表

指标名称	指标方向	权重	指标类别	定义
3b 显性债务率	负向	20%	分项指标	地方政府一般债券与专项债券余额之和/（地方一般公共预算收入＋转移支付收入＋地方政府性基金收入）
3c 广义负债率	负向	20%	分项指标	（地方政府一般债券与专项债券余额之和＋城投有息债务余额）/地区生产总值
3d 广义债务率	负向	20%	分项指标	（地方政府一般债券与专项债券余额之和＋城投有息债务余额）/（地方一般公共预算收入＋转移支付收入＋地方政府性基金收入）
3e 一般债利息负担率	负向	10%	分项指标	一般债务付息支出/当年一般公共预算支出
3f 专项债利息负担率	负向	10%	分项指标	专项债务付息支出/当年政府性基金预算支出
4. 社保基金可持续指数		**100%**	**方面指数**	
4a 养老保险抚养比	负向	25%	分项指标	城镇职工基本养老保险参保人当中的退休人数/在职职工人数
4b 养老保险基金盈余率	正向	25%	分项指标	（城镇职工基本养老保险基金当年收入－当年支出）/当年收入
4c 养老保险基金人均累计结余	正向	25%	分项指标	城镇职工基本养老保险基金累计结余/参保人数
4d 医疗保险基金盈余率	正向	25%	分项指标	（城镇职工基本医疗保险基金当年收入－当年支出）/当年收入
5. 预算管理规范指数			**方面指数**	
5a 财政支出预决算偏离度	负向	33.3%	分项指标	（一般公共预算支出决算数－预算数）/预算数
5b 审计违规金额占比	负向	33.3%	分项指标	审计违规金额/一般公共预算支出决算数
5c 财政透明度	正向	33.3%	分项指标	各省份财政信息公开程度
6. 基本公共服务指数		**100%**	**方面指数**	
6a 义务教育生师比	负向	20%	分项指标	义务教育学生人数/义务教育教师人数
6b 每千人口卫生技术人员	正向	20%	分项指标	卫生技术人员×1 000/人口数
6c 人均图书馆藏书量	正向	20%	分项指标	公共图书馆藏书量/人口数

续表

指标名称	指标方向	权重	指标类别	定义
6d 道路覆盖率	正向	20%	分项指标	年末实有道路面积/行政区域土地面积
6e 每千人口民政机构床位数	正向	20%	分项指标	民政机构床位数×1 000/人口数
7. 省内财政均衡性指数		**100%**	**方面指数**	
7a 省内各市人均财政收入差距	负向	25%	分项指标	省内各市人均财政收入的基尼系数
7b 省内各市人均财政支出差距	负向	25%	分项指标	省内各市人均财政支出的基尼系数
7c 省内转移支付均等化力度	正向	25%	分项指标	省内各市人均财政支出的基尼系数一省内各市人均财政收入的基尼系数
7d 省内各市基本公共服务差距	负向	25%	分项指标	省内各市基本公共服务指数的基尼系数
财政发展总指数			**总指数**	**财政收入稳健指数×0.25＋财政支出优化指数×0.25＋债务可持续指数×0.1＋社保基金可持续指数×0.1＋预算管理规范指数×0.1＋基本公共服务指数×0.1＋省内财政均衡性指数×0.1**

2.4　指标计算方法

2.4.1　分项指标的标准化

我们采用极差标准化的方法对每个分项指标进行标准化，将不可比的分项指标转换为可比的指数，各省份在某一指标上的指数结果标示了其在该指标上的相对位置。参考樊纲等[①]构造市场化指数的方法，第 i 个指标的计算方法如下：

记 V_{it} 是某个地区第 t 年第 i 个指标的原始数据，$V_{it}^{\max}$ 是所有地区历年（2008—2021 年）第 i 个指标的原始数据中数值最大的一个，$V_{it}^{\min}$ 则是最小的一个。

对于正向指标，采用如下标准化公式：

$$\text{第 } i \text{ 个指标第 } t \text{ 年指数} = \frac{V_{it} - V_{it}^{\min}}{V_{it}^{\max} - V_{it}^{\min}} \times 100$$

① 樊纲，王小鲁，朱恒鹏．中国市场化指数：各省区市场化相对进程 2011 年度报告．北京：经济科学出版社，2011．

对于负向指标，采用如下标准化公式：

$$第\ i\ 个指标第\ t\ 年指数=\frac{V_{it}^{\max}-V_{it}}{V_{it}^{\max}-V_{it}^{\min}}\times 100$$

该标准化结果使得各指标跨年份可比，并保证了分项指标的取值在 0～100 之间。在各指标的标准化结果中，取值越大、越接近 100，说明相应地区在该指标上表现越好；取值越小、越接近 0，说明相应地区在该指标上表现越差。

2.4.2 方面指数计算

各方面指数采用加权平均的方法。一般而言，将不同的指标采取等权重的方式进行计算，但有两个例外：在财政收入稳健指数的四个分项指标中，人均财政收入反映了财政资源的充裕程度，在财政收入稳健指数中较为重要，人为调整权重为 70%，其余三个分项指标权重各为 10%；在财政支出优化指数的八个分项指标中，人均财政支出反映了财政支出总体情况，在财政支出优化指数中较为重要，人为调整权重为 30%，其余七个分项指标权重各为 10%。尽管主要采用等权重方法，淡化了各个分项指标的相对重要性，但其依然是一种操控简易、结果适中的处理方法。

2.4.3 总指数计算

财政发展总指数由各方面指数加权平均计算获得。由于不同方面指数的相对重要性有所差别，经多轮意见征求与专家建议，确定了不同方面指数的权重。其中，财政收入稳健指数与财政支出优化指数权重皆为 25%，其余各方面指数权重相等，均为 10%。

2.4.4 数据来源

绝大多数指标的原始数据来自历年《中国统计年鉴》或各省份公布的财政预决算数据。地方融资平台公司的有息债务余额来自 Wind 数据库，审计违规金额占比中的审计违规金额数据来自《中国审计年鉴》。财政透明度指数来自清华大学及四川大学编写的中国市级政府财政透明度研究系列报告。

第三章　中国各地区财政发展指数测算结果

3.1　财政发展指数的总体趋势与地区对比

3.1.1　总趋势

图 3-1 是 2008—2021 年各省份财政发展总指数的平均趋势。总指数得分在 38～48 分之间，总体呈显著增长趋势，表明我国的财政体制不断发展完善。财政发展总

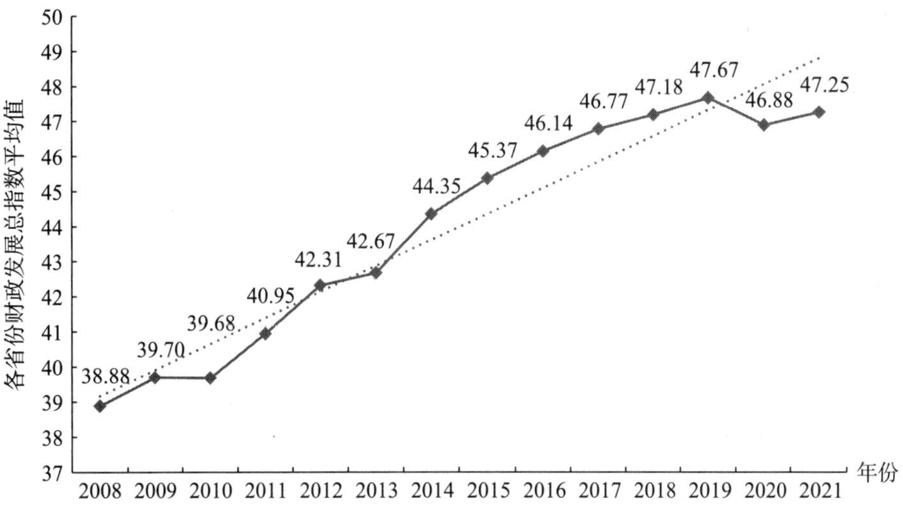

图 3-1　2008—2021 年各省份财政发展总指数的平均趋势

注：在财政发展总指数的计算中，因《中国城市统计年鉴 2022》尚未公布，2021 年城市层面数据不可得，2021 年省内财政均衡性指数不可计算，故本报告用 2020 年省内财政均衡性指数填补 2021 年省内财政均衡性指数以计算 2021 年财政发展总指数，从而维持总指数变动趋势的完整性。

指数在2010年略有下降，2020年出现大幅下降，与2019年相比减少了0.79，这可以归因于新冠疫情引发了我国财政收入稳健指数的下降，同时疫情导致医疗卫生需求增加、就业局势恶化，伴随着人口老龄化问题的加剧，我国社保基金可持续性显著下降。2021年随着疫情防控取得阶段性进展，财政收入稳健指数、社保基金可持续指数等指数恢复增长，总指数也恢复了增长。

3.1.2 东部、中部、西部地区的对比

财政发展总指数在地区间存在较大差异。如图3-2所示，尽管东部、中部、西部地区[①]的总指数均随时间逐步增长，但东部地区财政发展总指数显著高于中部、西部地区，且差距有逐渐拉大的趋势，中部与西部地区总体差距不大。

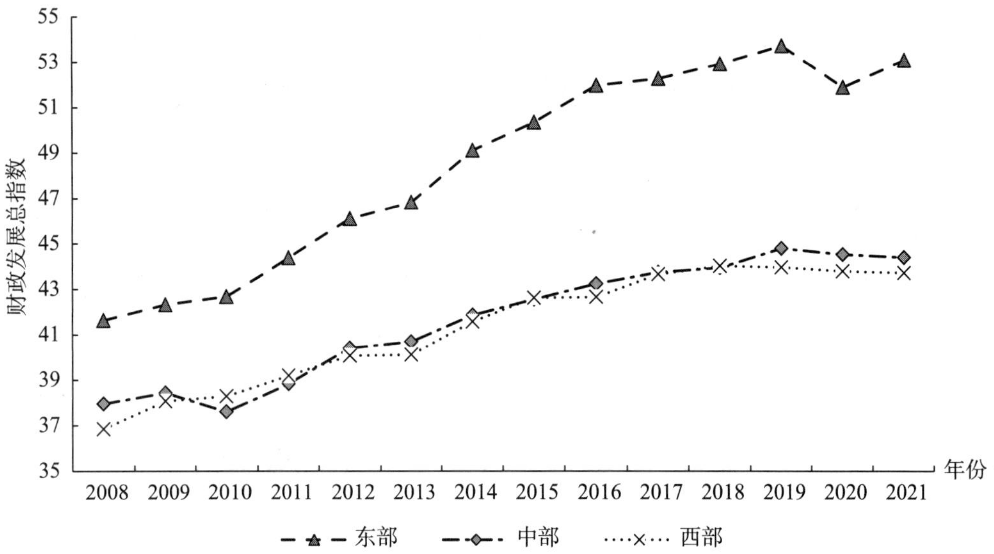

图3-2 2008—2021年东部、中部、西部财政发展总指数的平均趋势对比

表3-1所示为2020年和2021年各省份财政发展总指数和排名[②]。横向来看，

① 本报告所指东部地区包括北京、天津、河北、辽宁、上海、江苏、浙江、福建、山东、广东和海南，中部地区包括山西、吉林、黑龙江、安徽、江西、河南、湖北、湖南，西部地区包括四川、重庆、贵州、云南、西藏、陕西、甘肃、青海、宁夏、新疆、广西、内蒙古。

② 欲计算各省份财政发展总指数以及排名，本报告需进行以下两个角度的数据填补：一方面，如前文所述，2021年城市层面数据不可得，在财政发展总指数的计算中，本报告使用2020年数据纵向填补2021年数据；另一方面，本报告在计算省内均衡性指数时，剔除了4个直辖市，以及在多数年份中地级市数量少于3个的省和自治区（海南、西藏、青海、新疆）的样本，仅考察并计算余下的23个省（自治区）的省内财政均衡性指数，因此需对这些缺失样本进行横向填补——先以前6项方面指标加权指数计算排名，再取与缺失省份排名最相近的前后6个省份的省内财政均衡性指数加权填补缺失的省内财政均衡性指数。若缺失省份排名最相近的前后6个省份也存在缺失，则取与其最邻近的6个省份的省内财政均衡性指数加权进行填补。最终以七项加权总指数进行排名。

2021年北京、上海、天津、西藏和广东财政发展总指数最高，广西、甘肃等西部省份财政发展总指数较低。纵向来看，与2020年相比，2021年仅有广东、山西、天津、西藏4个省份排名未发生变动，黑龙江、吉林和辽宁排名下滑幅度最大，分别下降了11名、10名和8名，河北、内蒙古和甘肃分别下降了6名、5名与4名，安徽、湖南和四川均下降了3名。贵州、江西和新疆上升幅度最大，排名分别上升了16名、8名和7名，海南、福建、陕西分别上升了5名、4名和3名，其余12个省份也有1～2名的排名变动。由此可见，财政发展以及财政体制的改革与进步过程在我国各省份间存在着差异。

表3-1　2020年和2021年各省份财政发展总指数和排名

排名	2020年		2021年	
	省份	总指数	省份	总指数
1	上海	67.53	北京	66.13
2	北京	66.04	上海	66.02
3	天津	58.35	天津	59.40
4	西藏	52.67	西藏	54.05
5	广东	51.85	广东	53.41
6	江苏	50.10	浙江	49.62
7	浙江	49.03	江苏	48.94
8	内蒙古	48.35	山东	48.24
9	山西	47.49	山西	48.06
10	山东	46.68	海南	47.52
11	河北	45.43	江西	47.07
12	辽宁	45.35	福建	46.22
13	安徽	45.16	内蒙古	46.16
14	黑龙江	45.09	贵州	45.98
15	海南	44.79	宁夏	45.75
16	福建	44.75	安徽	45.15
17	宁夏	44.71	河北	45.10
18	吉林	44.54	重庆	44.28
19	江西	44.30	湖北	44.05
20	重庆	44.06	辽宁	43.77
21	湖北	44.05	陕西	43.72
22	青海	44.04	新疆	43.61
23	四川	43.50	河南	43.43
24	陕西	43.18	青海	43.24

续表

排名	2020 年		2021 年	
	省份	总指数	省份	总指数
25	河南	43.15	黑龙江	43.20
26	湖南	42.42	四川	43.10
27	甘肃	41.68	云南	42.98
28	云南	41.60	吉林	42.03
29	新疆	41.41	湖南	41.61
30	贵州	40.51	广西	40.58
31	广西	39.47	甘肃	40.27

3.2 财政发展分指数的趋势与地区对比

3.2.1 财政收入稳健指数

2008 年到 2018 年十年间，我国财政收入稳健指数总体平稳提高（如图 3－3 所示）。但近两年内随着我国经济增长放缓，大规模减税降费政策不断推行，加上新冠疫情冲击，我国地方政府的财政收入能力有所下降，财政收入压力不断加大，财政收入稳健指数由 2018 年的 31.24 下降到了 2020 年的 28.63，2021 年有所回升。分地区来看，东部地区的财政收入稳健程度远高于中部、西部地区，波动程度也比中部、西部地区更大。

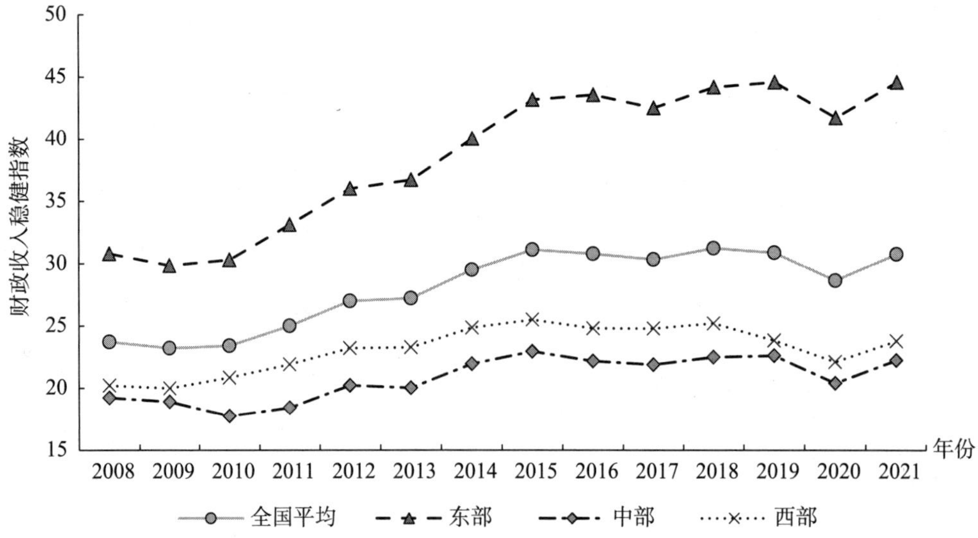

图 3－3 2008—2021 年财政收入稳健指数的平均趋势与地区对比

3.2.2　财政支出优化指数

如图 3－4 所示，我国财政支出优化指数在 2008—2020 年不断提升，提升幅度较大且增幅稳定，由 30.31 增加到了 46.46，既说明了我国财政支出的经济驱动力不断增强，又体现了我国地方政府财政支出结构不断优化。2021 年我国财政支出优化指数有小幅下降。横向相比，东部地区整体支出结构最合理，中部地区次之，西部地区较落后，与三个地区的经济状况基本对应，但三者差异不大。

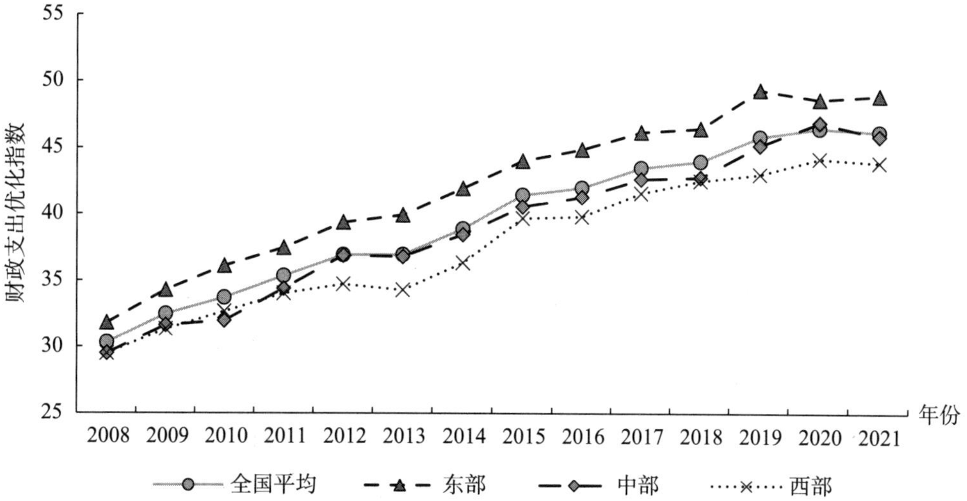

图 3－4　2008—2021 年财政支出优化指数的平均趋势与地区对比

3.2.3　债务可持续指数

图 3－5 展现了我国 2015—2021 年[①]债务可持续指数的平均变动趋势与地区对比情况。由该图可知，我国地方政府债务可持续指数总体呈下降趋势，说明我国地方政府债务可持续性不断减弱，面临的债务风险日益上升。横向对比来看，中部地区的债务可持续性相对较强，东部地区在 2015 年债务负担最重、风险最大、可持续性最弱，但 2016 年及以后情况明显好转，债务可持续指数逐渐超过了全国平均水平，债务风险相对减轻。西部地区债务可持续性持续减弱，这可能与西部地区投资结构不合理有关。

① 2015 年新《预算法》颁布之前，地方政府不能发行地方政府债券，尽管部分省份存在财政部代发代还和地方自发、财政部代还的地方政府债券，但金额一般较小。因此，本部分的债务可持续指数从 2015 年开始计算。

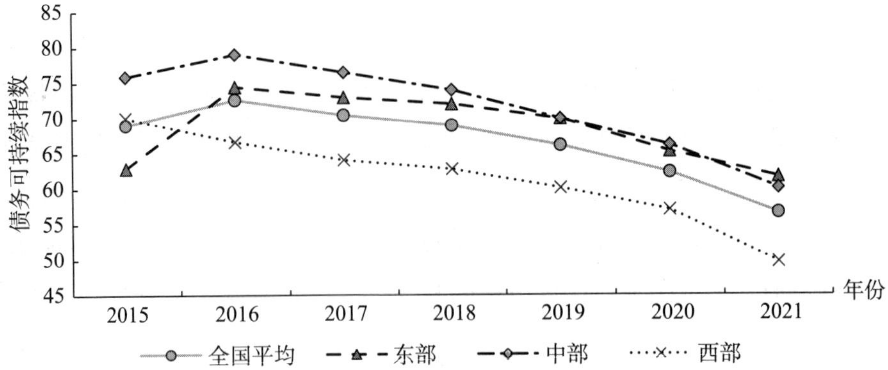

图 3-5　2015—2021 年债务可持续指数的平均趋势与地区对比

3.2.4　社保基金可持续指数

除债务可持续指数外，我国的社保基金可持续指数也不容乐观。如图 3-6 所示，总体而言，尽管与债务可持续指数相比降幅不大，社保基金可持续指数也呈下降趋势，尤其是 2020 年，一方面我国人口老龄化问题持续加重，另一方面新冠疫情引发了失业增加、医疗需求增加、社保减免等问题，全国平均的社保基金可持续指数剧烈下降，从 2019 年的 45.85 跌至 39.20。2021 年，随着 2020 年阶段性社会保险优惠政策的退出，我国社保基金可持续指数有所回升。横向来看，东部地区总体的社保基金可持续性较强，这与东部地区雄厚的经济实力有关，中部地区的社保基金可持续性最弱，且与东部和西部地区的差距逐渐拉大，这与中部地区劳动力净流出、老龄化问题严重等相关。

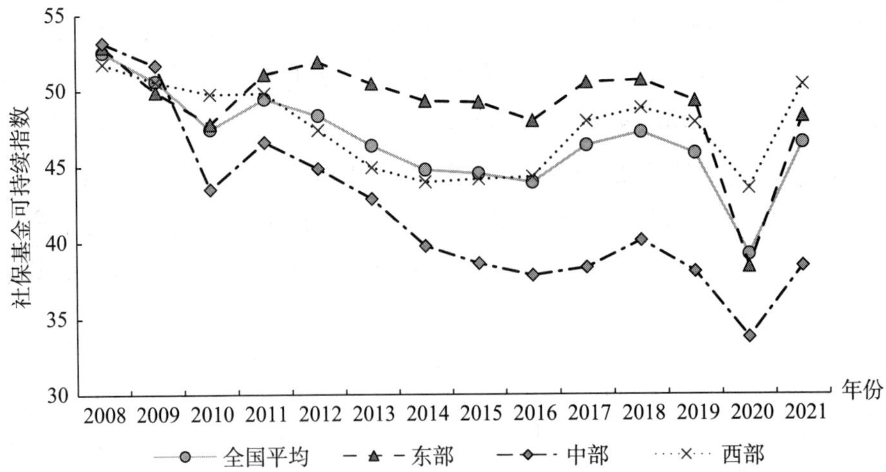

图 3-6　2008—2021 年社保基金可持续指数的平均趋势与地区对比

3.2.5　预算管理规范指数

图 3 - 7 展示了我国 2008—2021 年预算管理规范指数的平均变动趋势与地区对比情况。总体来看，我国预算管理规范指数随时间推移不断提高，从 2008 年的 63.13 增长至 2020 年的 86.59，近十年来我国预算管理改革初见成效。2021 年我国预算管理规范指数有所下降，这主要是因为受新冠疫情影响，许多城市的“两会”召开的时间比正常年份有所延迟，这导致市政府无法及时公开相关财政信息。东部、中部、西部地区的预算管理规范指数均呈现增长趋势，东部地区相对更高，中部和西部地区差别不大，交错上升。

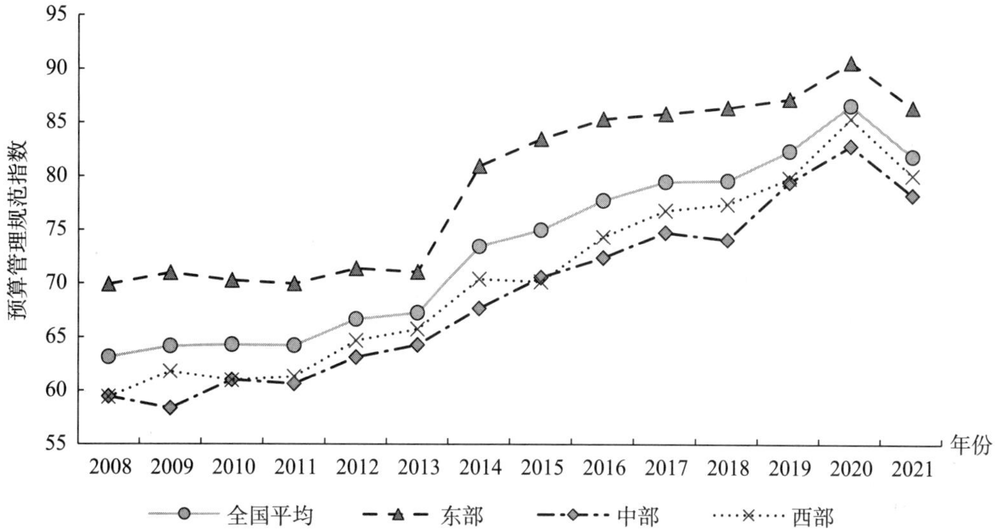

图 3 - 7　2008—2021 年预算管理规范指数的平均趋势与地区对比

3.2.6　基本公共服务指数

图 3 - 8 为我国 2008—2021 年基本公共服务指数的平均变动趋势与地区对比情况。总体而言，我国地方政府基本公共服务指数不断提升且提升幅度较大，由 22.94 增长到 39.37，增加了 16.43，说明我国地方政府在基本公共服务方面的投入稳定增长，民生保障和社会服务水平不断提高。对比而言，基本公共服务的提供水平基本与经济状况对应，东部地区基本公共服务指数远高于中部和西部地区，西部地区基本公共服务指数相对较低，基本公共服务水平有待进一步提高。

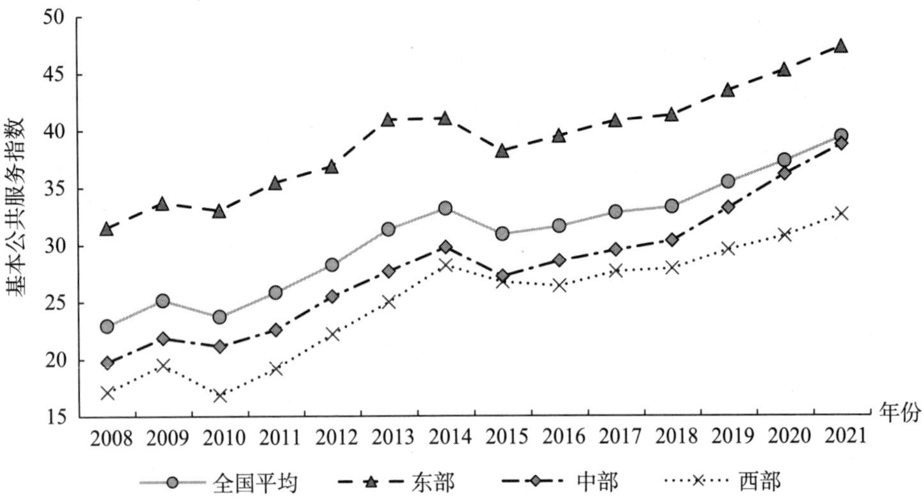

图 3-8　2008—2021 年基本公共服务指数的平均趋势与地区对比

3.2.7　省内财政均衡性指数

如图 3-9 所示，2008—2020 年我国省内财政均衡性指数平均水平呈现波动上升的趋势，由 45.79 上升到 55.73，省内财政均衡程度不断提高，有助于实现社会公平与稳定。横向对比看，东部地区的不均等程度更高，中部和西部地区省内财政均衡情况相对较好，其中中部地区最为平稳。

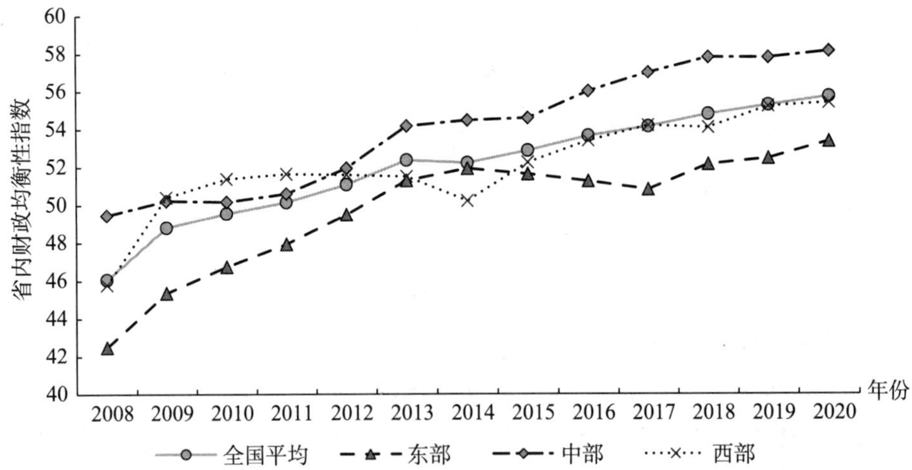

图 3-9　2008—2020 年省内财政均衡性指数的平均趋势与地区对比

注：本图剔除了北京、上海、天津、重庆 4 个直辖市与所辖地级市数量较少（多数年份小于 3 个）的海南、西藏、青海、新疆 4 个省（自治区），且因 2022 年城市层面统计数据未公布，本图不包含 2021 年省内财政均衡性指数。因各城市层面统计数据公布最新数据存在滞后、公布不完整的问题，本报告第十一章省内财政均衡性指数部分内容仅更新至 2019 年。又因 2020 年全国人口数据有所调整，故本图数据与第十一章有所差异。

第四章　中国各地区财政发展的成绩与挑战

4.1　主要成绩

4.1.1　财政收入质与量回升，财政收入稳健性提高

2021年，随着宏观经济形势好转，财政收入稳健性明显回升。在绝对数量上，人均财力水平较上年出现较大回升，剔除价格因素，人均实际财政收入超过疫情前的水平，地方财力稳步上升。在收入质量上，税收收入占比、大税占比均较上年有所提高，土地财政依赖度较上年有所下降，反映出税收对于地方财政收入的贡献率有所提高，政府从经济发展中汲取收入的能力回升，说明财政收入质量有所提高。

4.1.2　从“吃饭”走向“民生”，财政支出结构逐渐优化

在财政支出方面，如图4-1所示，随着我国经济的不断发展，人均财政支出在2008—2021年期间总体呈现上升趋势。尽管2021年人均财政支出略有下降，但依然保持在1.57万元的水平，与2008年0.47万元相比增加了2.34倍，表明地方政府承担财政支出责任的能力不断提高。以教育、医疗和社会保障为主体的民生性财政支出占比总体上也实现了增长，说明我国政府正坚定地努力实现提升财政支出“温度”的民生性财政目标。除此以外，我国在提高政府管理效率、严控行政管理费用方面也取得了显著成效，2008年至今，行政管理支出占财政支出的比重大幅下降，且维持在较低水平。

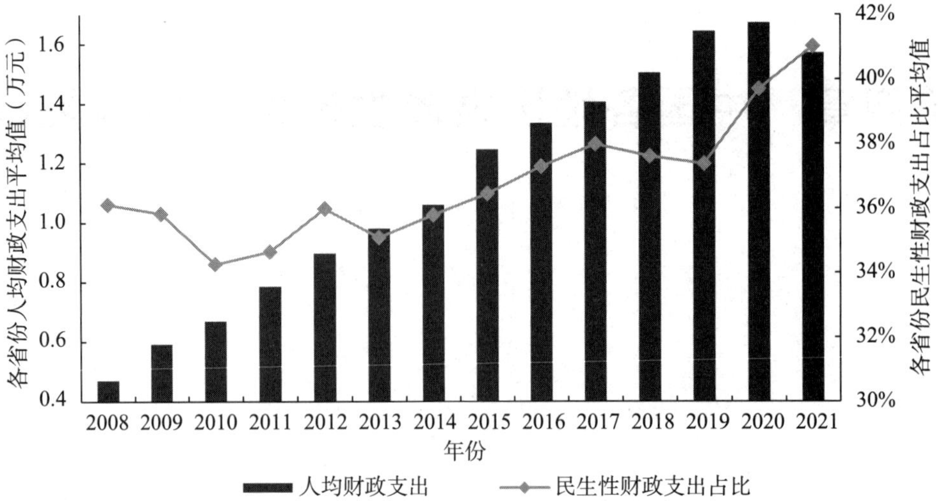

图 4-1　2008—2021 年各省份人均财政支出与民生性财政支出占比平均值的变动趋势

4.1.3　短期政策退出，社保收入恢复

随着 2020 年阶段性社会保险优惠政策的退出，全国社保基金可持续情况大幅好转，2021 年全国社保基金可持续指数升至 46.56，与四年前社保基金可持续指数基本持平。自 2017 年起，随着财政补助资金增加，社保基金可持续性有增强态势。2021 年养老保险抚养比较上一年有下降趋势，从 42.5%降至 41.1%。城镇职工基本养老保险偿付压力连续三年有所下降。

4.1.4　预决算偏离度减小，预算公开稳步推进

随着近年来我国预算管理改革的不断推进与深化，我国地方政府预算管理工作有明显改善，预算与决算数字的吻合度越来越高，财政支出预决算偏离度随时间推移显著下降。2015 年新《预算法》实施后，人大预算监督权得到了一定保障和加强，财政支出预决算偏离度出现了进一步的下降，基本维持在 20%以内，2021 年已经下降至 10%以下。

深化财税体制改革的另一个重要方面就是提高我国政府预算透明度。2013—2020 年，我国的财政透明度大幅持续上升，社会对财政活动的监督能力逐步提高，有利于政府进一步提高预算管理能力，但 2021 年受到新冠疫情影响，部分财政数据公开推迟，导致 2021 年财政透明度有一定幅度的下降。

4.1.5　基本公共服务水平提升，促进社会发展成果共享

地方政府基本公共服务水平稳步增长，均等化建设不断调节平衡。2008—2021年，义务教育生师比、每千人口卫生技术人员、人均图书馆藏书量、道路覆盖率大都已经达到兜底的标准，各项指标建设水平也不断提升，表明我国政府在教育、医疗、卫生和基础设施等方面的基本公共服务建设不断加强，卓有成效。

4.2　突出挑战

4.2.1　财政收入结构需改善，地区财力不均等问题依然突出

尽管2021年财政收入稳健指数以及各分项指标均较上年有所提高，然而财政收入结构恶化的趋势依然存在，财政收入结构能否继续改善还有待后续观察。我国财政收入存在的问题具体表现为以下方面：

第一，税收收入占比和大税占比仍然较低。前几年税收政策调整较多，减税降费政策频出，尽管这有利于激发各个经济主体的活力，却导致税收收入占比和大税占比不断下降。2021年经济活动的恢复引致税收收入占比和大税占比回升，但稳定这两大比重还需要减少财税政策的变动，维持政策的稳定。

第二，土地财政依赖度依然处于高位。2021年土地财政依赖度的下降主要是源于房地产市场的降温，随着疫情形势的稳定和房地产市场的回暖，土地财政依赖度在未来仍可能重新回升。过度依赖土地出让金不利于财政收入的稳定，地方政府应加强土地市场管理，避免土地市场波动引致财政收入的波动。

第三，地方政府财政收入横向不均问题未能得到缓解。如图4-2所示，自2014年以后，地方人均财政收入基尼系数再未出现明显下降，且地方政府财力的不均等程度高于地方经济发展的不均等程度。这意味着地方财力不均等不仅来源于地方经济发展水平的差异，而且来源于各地方政府汲取收入的能力的差距。

4.2.2　刚性支出需求扩大，收支矛盾日益凸显

2008—2021年间，在财政支出结构不断优化的过程中，地方政府财政支出结构依旧存在着一些问题。

第一，如图4-3所示，我国地方政府教育支出占财政支出的比重自2012年起总体呈下滑趋势，一定程度上反映出地方政府在承担民生性支出责任时面临财力不

足的问题。近年来，我国人口老龄化问题逐渐凸显，医疗保障与养老金支出压力巨大，加上用于乡村振兴、脱贫攻坚等的促进社会公平、保障基本民生的刚性支出只增不减，使得我国地方政府收支矛盾进一步恶化。

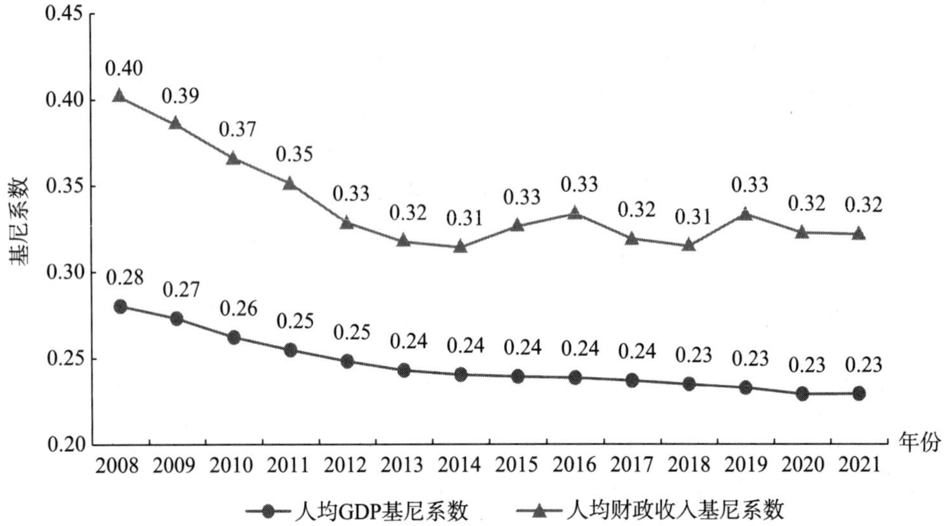

图 4-2　2008—2021 年各省份人均 GDP 基尼系数和人均财政收入基尼系数

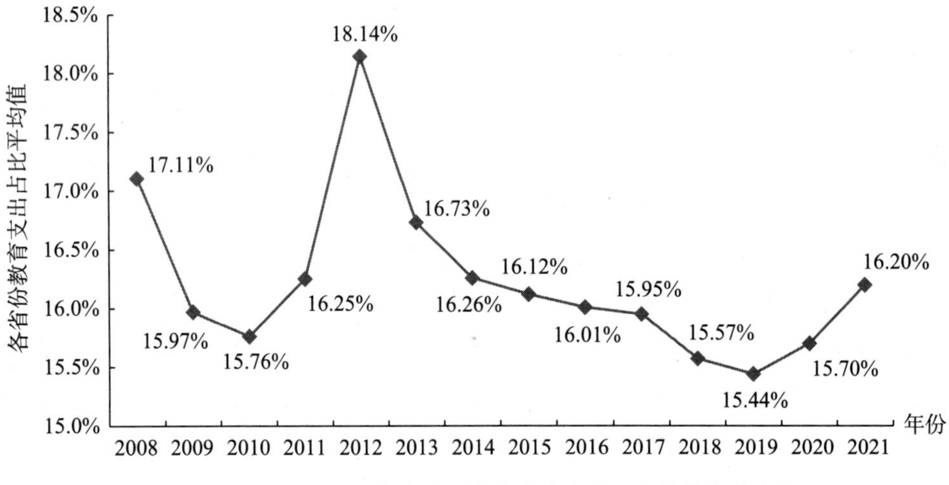

图 4-3　2008—2021 年各省份教育支出占比平均值的变动趋势

第二，如图 4-4 所示，2008—2021 年间我国环保支出所占比重相对较低且起伏频繁，一定程度上反映出我国在环境治理方面存在缺乏持久性、费用调整频繁等问题。2019 年起，我国的地方政府环保支出占比持续下降，这可能与地方政府财力有限从而环保支出被挤占有关。

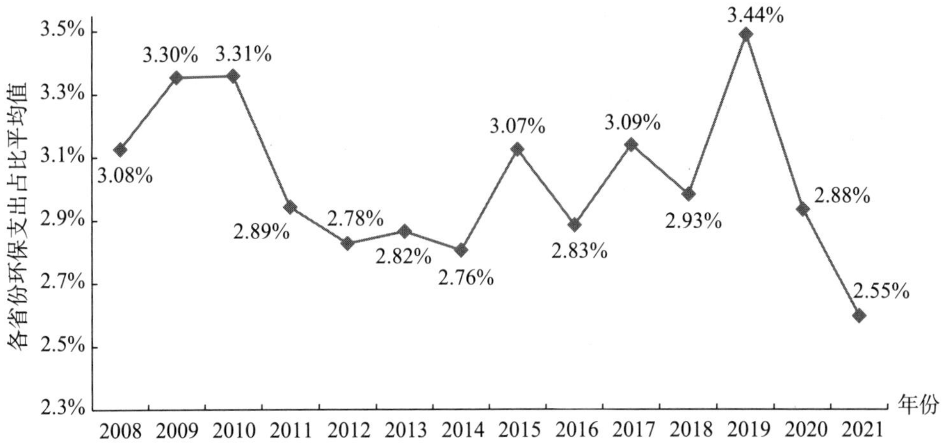

图 4-4　2008—2021 年各省份环保支出占比平均值的变动趋势

第三，尽管我国科技支出所占比重近年来不断提高，但与发达国家相比仍有明显差距。为促进经济高质量发展，我国对科技的扶持与重视有待进一步加强。

第四，为进一步促进全国均衡发展，提高社会公平性，我国财政支出具有明显的地域倾向，但西部地区存在着过高的财政投资性支出与人均财政支出，过度投资与重复建设降低了财政资金的使用效率，也导致债务风险持续累积。

4.2.3　政府负债率持续提高，西部地区债务风险较大

随着我国经济增长放缓以及减税降费等政策的持续推广，政府财政收入情况恶化，加上民生性刚性支出压力不断加大，我国地方政府财政收支矛盾日益加深，除了通过出让国有土地使用权获取收入以外，债务融资也是地方政府弥补财政收支缺口的重要方式。2015—2021 年，无论使用何种口径，我国地方政府的负债水平都在不断提高，债务可持续性下降。此外，西部地区的债务风险显著高于东中部地区，值得关注。

4.2.4　长期兑付压力大，社保需多支柱支撑

首先，人口老龄化是社保基金面临的深层次压力。我国老年人口规模庞大，保险金领取年限长，支付标准具有刚性，社保基金盈余增速放缓，长期偿付压力较大。我国养老金的积累过于依赖第一支柱，第二、第三支柱发展相对较慢，缺少合适的激励政策支持其增量发展。养老保险基金的可持续不能仅靠财政补贴来实现，需要寻找更多的可替代收入来源，扩大第二支柱职业养老金的覆盖面，大力发展第三支柱个人储蓄养老计划，不断推进养老金三支柱体系的全面发展。

其次，在社保基金逐步推进的全国统筹工作中，社保基金滚存结余全国统筹仍受阻碍。《关于阶段性减免企业社会保险费的通知》决定2020年将企业职工基本养老保险基金中央调剂比例提高至4%，但目前调剂规模还较小，尤其是跨省调剂力度不够。由于各地区在人口年龄结构、净人口流动方面存在差异，不同地区间的养老保险负担也存在差异，不利于社会公平。

第五章　财政收入稳健指数

本部分介绍地方财政收入稳健指数。该指数由人均财政收入、税收收入占比、大税占比和土地财政依赖度四个分项指标构成，各分项指标的权重分别为 70%、10%、10%、10%。各分项指标的具体定义如表 5-1 所示。

表 5-1　财政收入稳健指数分项指标构成

指标名称	指标方向	权重	指标类别	定义
1. 财政收入稳健指数		**100%**	**方面指数**	
1a 人均财政收入	正向	70%	分项指标	一般公共预算收入/人口（剔除价格因素）
1b 税收收入占比	正向	10%	分项指标	税收收入/一般公共预算收入
1c 大税占比	正向	10%	分项指标	（增值税＋企业所得税＋个人所得税＋营业税）/税收收入
1d 土地财政依赖度	负向	10%	分项指标	土地出让收入/一般公共预算收入

原始数据来源如下：2017 年及以前的土地出让收入数据来自历年《中国国土资源统计年鉴》，2018 年及以后的土地出让收入数据来源于各省份历年决算报告和预算执行情况报告，其余数据均来自历年《中国统计年鉴》。一般公共预算收入、各项税收以及土地出让收入口径均为地方政府本级。

人均财政收入（指标 1a），使用 GDP 价格平减指数折算为 2008 年不变价格，该指标用以反映各省份财政收入总量的横向差距以及其随时间推移的纵向变动。指标 1b～1d 用以反映财政收入的结构性特征。在财政收入中，非税收入的筹措是依据行政性规章制度，而税收收入的筹措需遵循税收法定原则，因此，税收收入占比（指标 1b）反映了财政收入的法治化程度。截至 2021 年年末，我国 18 个税种中有

12 个税种已通过立法，税收法治化进程继续稳步推进。在税收收入中，增值税、营业税、企业所得税、个人所得税四大税种与实体经济发展水平密切相关，因此这四大税种筹措的大税占比（指标 1c）能够体现财政收入分享实体经济发展成果的部分，从而反映财政收入的质量。2017 年全面“营改增”后，营业税已经走入历史，因此 2017 年及以后的大税收入仅有国内增值税、企业所得税和个人所得税三大税种筹措的收入。

在“四本预算”的地方财政全口径收入中，除了一般公共预算收入以外，政府性基金预算收入中土地出让收入占据绝大部分，我们使用土地出让收入与一般公共预算收入之比来衡量地方政府的土地财政依赖度（指标 1d）。国有资本经营预算收入数额非常小，可以忽略不计。社保基金预算的收支具有独立性，我们在第八章将其编制为社保基金可持续指数进行单独列示。

5.1 财政收入稳健指数的平均趋势

5.1.1 方面指数的平均趋势

2020 年的报告指出，地方财政收入稳健指数在 2008 年至 2015 年呈现出不断上升的趋势，2016 年至 2019 年随着经济发展水平放缓以及减税降费措施的不断实施，财政收入稳健指数呈现出反复上下波动的趋势，2020 年随着新冠疫情的暴发，经济活动受到了极大的冲击，财政收入稳健指数出现明显的下降，2021 年随着疫情防控形势的好转和经济活动的恢复，财政收入稳健指数有所回升。

与 2020 年相比，大部分地区的财政收入都出现了不同程度的回升。2021 年地区加总的一般公共预算收入较 2020 年上升 10.9%，剔除价格因素后增幅为 6.2%。其中，由于 2020 年湖北省受到疫情冲击最大，2021 年疫情防控形势好转后该省一般公共预算收入的增长幅度也最大，名义增长率达到 30.7%，山西省和陕西省的一般公共预算收入增幅分别位列第二名和第三名，名义增长率分别为 23.4% 和 23.0%。所有省份中仅有西藏自治区的一般公共预算收入出现负增长，2021 年其一般公共预算收入较上一年下降了 2.4%。

在 2021 年，随着经济活动的恢复，各省份的税收收入和三大税种收入较上一年出现了不同幅度的增长。与 2020 年相比，地区加总的税收收入增长了 12.2%，其中，湖北省和海南省的税收收入增长率超过 30%，全国仅有西藏自治区的税收收入较 2020 年下降了 0.7%。地区加总的三大税种筹措收入较 2020 年增长了 14.2%，其中，地区加总的增值税收入增长了 11.7%，地区加总的企业所得税收入增长了 17.2%，地区加总的个人所得税收入增长了 21%。同样，全国仅有西藏自治区在三大税种筹措收入上出现负增长。总体而言，随着疫情受到遏制以及经济活动的复苏，各地区的财政收入和税收收入状况都有所好转。

2021 年，地方政府的非税收入和土地出让收入小幅增长。地区加总的非税收入较 2020 年增长了 7.1%，这一增幅与上年的水平（5.7%）相当；地区加总的土地出让收入较 2020 年增长了 3.5%，明显低于上年的增长速度（16.8%）。无论是非税收入还是土地出让收入，其增长幅度都低于税收收入的增长幅度，反映出地区财政收入结构相较上年有所优化。

2021 年地方财政收入稳健指数较 2020 年出现了明显的回升，图 5-1 反映了各省份财政收入稳健指数平均值的变动情况。2021 年的财政收入稳健指数恢复到了疫情前的水平，并且各个分项指标都有所改善：随着经济活动恢复，人均财政收入明显提升；同时与经济活动相关的税收收入和大税收入都有明显的增长，使得税收占比和大税占比都有所回升；由于 2021 年土地出让收入增长明显放缓，因此土地财政依赖度有所下降。综合来看，地方财政收入稳健指数较 2020 年明显提高，与疫情前的水平基本持平。

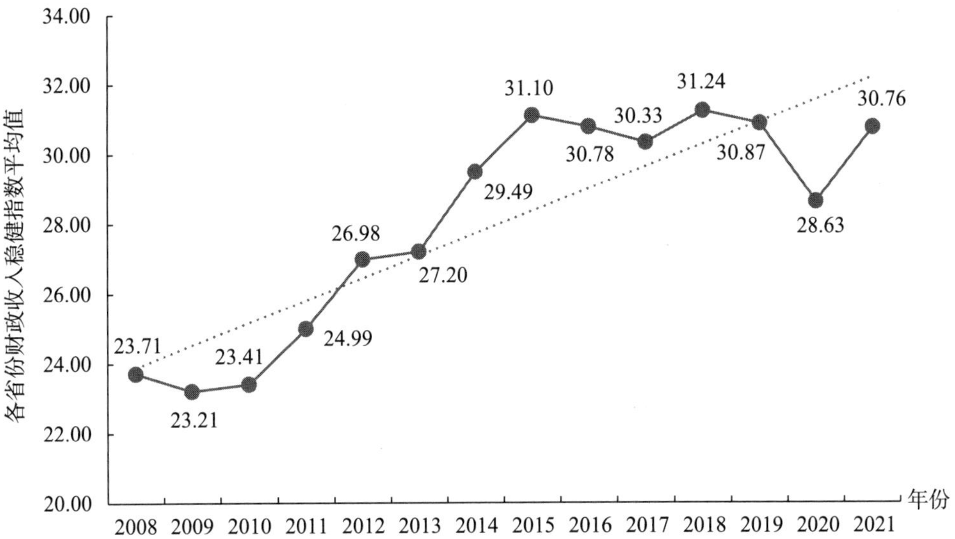

图 5-1　2008—2021 年各省份财政收入稳健指数平均值的变动趋势

2021 年地方财政收入状况的好转说明当年我国对新冠疫情的应对是卓有成效的，并且经济活动的恢复不仅带动地方财力水平回升，而且有助于改善地方的财政收入结构，但需要注意到当下疫情并未结束，部分地区的疫情形势不断反复，如何应对其对经济运行产生的冲击是未来需要持续关注的问题。同时也应注意到，尽管2021年地方财政收入稳健指数较2020年有所回升，但并未脱离从2015年开始的上下振荡区间，各分项指标尽管较上年有所回升，但除了人均财政收入总体呈现出上升趋势外，其他三个分项指标的恶化趋势仍较为明显。这意味着要改善地方财政收入状况仍需要更加深入地进行体制改革，从根本上优化地方财政收入结构。

5.1.2 分项指标的平均趋势

本小节分别描述人均财政收入、税收收入占比、大税占比以及土地财政依赖度等四个分项指标的变动情况（见表5-2）。

表5-2 2020年和2021年各省份财政收入稳健指数分项指标平均值对比

分项指标	2020年	2021年
人均财政收入（万元）	0.68（0.76）	0.72（0.84）
税收收入占比	71.2%	72.2%
大税占比	60.1%	60.9%
土地财政依赖度	74.1%	66.7%

注：括号中的数据未剔除价格因素。

图5-2展示了剔除价格因素后人均财政收入历年的变动情况。人均财政收入在2008年至2019年呈现稳定上升的趋势，2020年由于疫情冲击，人均财政收入出现负增长，但2021年随着疫情防控措施的落实和经济活动的恢复，人均财政收入也出现明显的上升，在剔除价格因素后，2021年的人均财政收入不仅高于2020年疫情冲击下的水平，甚至超过了疫情之前2019年的水平，体现出经济恢复后地方财力指标重新回到了稳步增长的轨道上。未剔除价格因素时，2020年地方平均人均财政收入为0.76万元，2021年为0.84万元。

税收收入占比和大税占比在2008—2021年这一期间内都呈现出下降趋势，但在2021年均有所回升，图5-3和图5-4分别展示了它们的变动趋势。2008年至2020年，税收收入占比从76.8%下降至71.2%，2021年回升至72.2%；大税占比则在2008年至2020年从73.6%降至60.1%，2021年回升至60.9%。从不同税种来看，2020年至2021年，地区加总的小税种筹措收入增幅为9%，地区加总的三大税种筹措收入增幅为14.2%，这说明尽管疫情期间大税种存在较多的优惠措施，但经济恢复仍能够显著带动大税收入的增长。从2008年至2020年，我国的大税占比不断下降，2021年则有所企稳，然而由于疫情形势存在反复，与经济活动密切相关的大税收入可能还会不断受到疫情冲击，如何合理运用税收优惠使得在促进经济复苏的同时保障税收收入、稳定大税收入在税收收入中的比重，是改善财政收入结构需要考虑的问题。

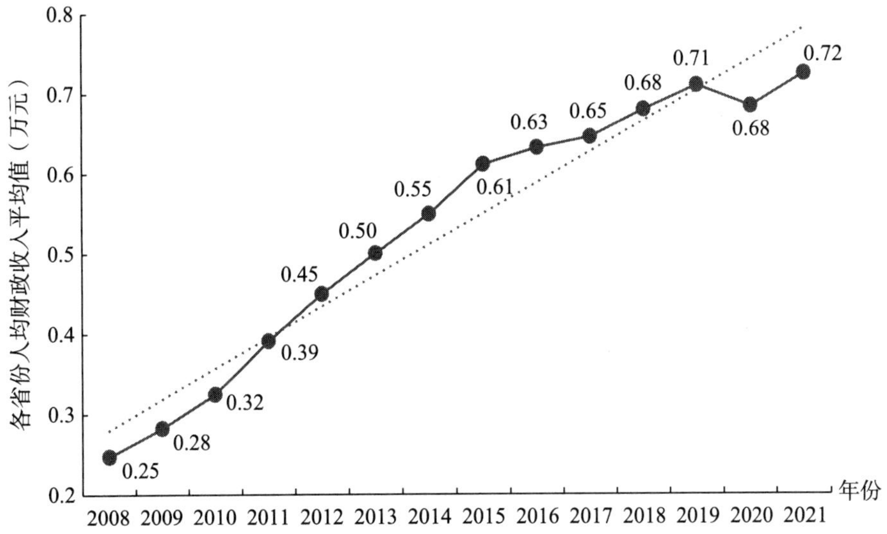

图 5-2　2008—2021 年各省份人均财政收入平均值的变动趋势

注：此处历年实际人均财政收入均已剔除价格因素。

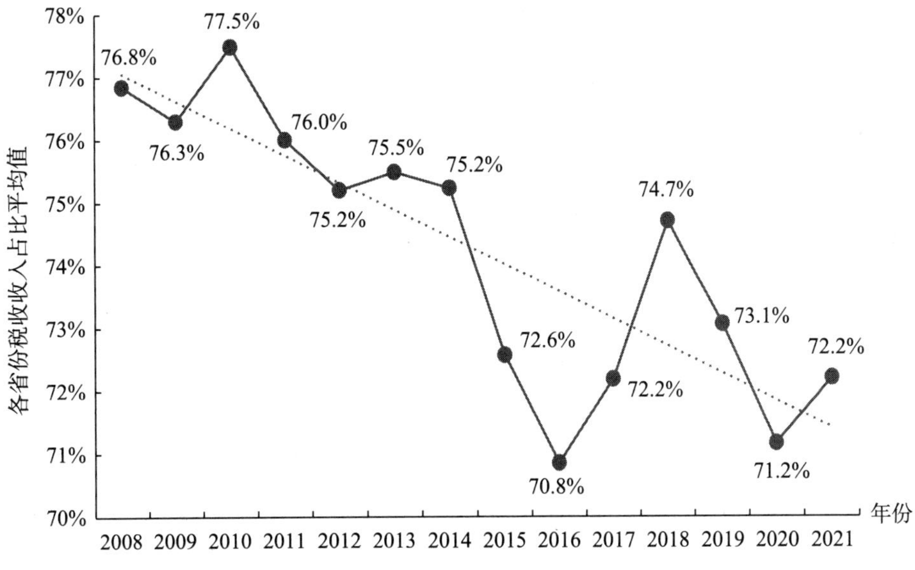

图 5-3　2008—2021 年各省份税收收入占比平均值的变动趋势

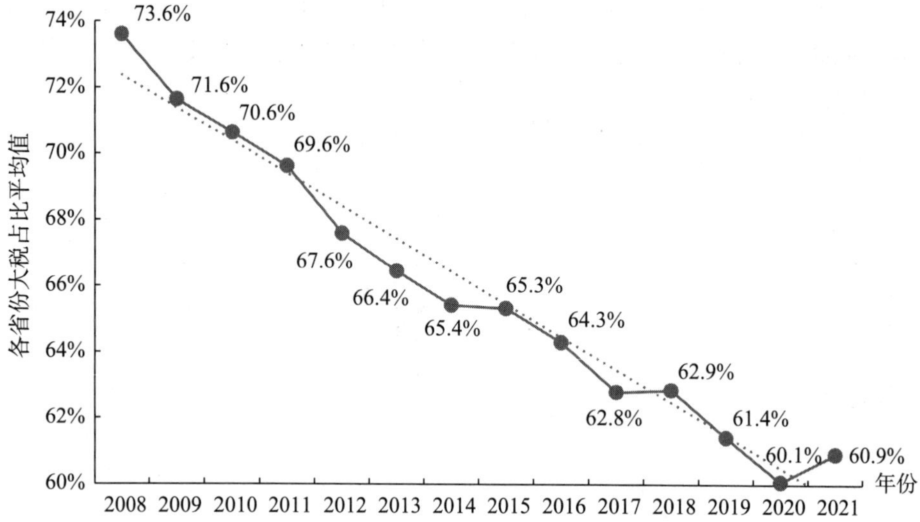

图 5-4　2008—2021 年各省份大税占比平均值的变动趋势

2021 年地方土地财政收入增幅明显降低，相较于 2018 年至 2020 年土地出让收入的迅速增长，2021 年土地出让收入涨幅仅为 3.5%。这一方面是因为政府其他收入的增加；另一方面则是由于房地产市场的收缩，有市场研究认为 2021 年土地出让收入增幅的收窄主要是因为 2021 年下半年融资环境收紧、监管力度加大以及市场降温导致房地产企业拿地更加谨慎，拿地规模下降。由于土地出让收入增长率的下降以及政府其他收入的增加，2021 年地区土地财政依赖度较 2020 年下降了 7.4 个百分点（见图 5-5），反映出地方政府收入结构有所改善。

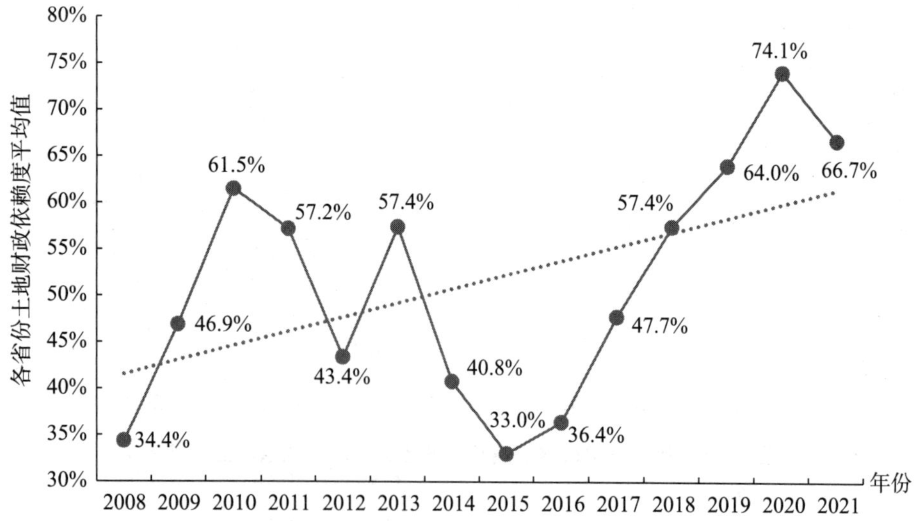

图 5-5　2008—2021 年各省份土地财政依赖度平均值的变动趋势

5.2 财政收入稳健指数的省际比较

本部分分析2021年各省份的财政收入稳健指数截面数据，从人均财政收入、税收收入占比、大税占比和土地财政依赖度四个分项指标出发，对比不同地区或省份的情况。

5.2.1 东部、中部、西部地区的对比

表5-3展示了2021年东部、中部、西部三个地区财政收入稳健指数及其分项指标整体情况的对比。东部地区指数的平均值为44.6，中部、西部地区指数的平均值分别为22.2和23.8，各个地区的财政收入状况都有所改善，但东部地区的财政状况明显好于中部、西部地区，中部、西部地区之间的差异较小的特征仍然存在。

从分项指标来看，东部地区的财力依然遥遥领先于中部、西部地区。2021年东部地区的人均财政收入为1.33万元，中部地区为0.55万元，西部地区为0.59万元。与2020年相比，东部地区增长10%，中部地区增长14.6%，西部地区增长9.3%。中部地区由于2020年受疫情影响最大，在疫情形势缓和后财力回升也更为明显，地方财力增长幅度最大，东部、西部地区地方财力增长幅度相当，且东部地区略高于西部地区，显示出地区之间的财力差距并未明显缩小。2021年东部地区财政收入占地区生产总值的比重为12%，中部地区和西部地区这一比重均为9%。相较于2020年，西部地区不仅在财力增长方面不及东部、中部地区，而且在财政收入占地区生产总值的比重方面也有所下降。这一方面可能说明西部地区的地方政府有区域性的优惠政策，让利于民的幅度更大；另一方面也可能是因为疫情之后针对小规模纳税人的优惠政策较多，而西部地区由于经济发展水平不及东部、中部地区，小规模纳税人的比重较高，使得事实上西部地区的税收优惠更大。

东部、中部、西部地区的税收收入占比分别为78.1%、70.1%和68.2%，均较2020年有所上升，其中中部地区这一比重上升幅度最小，东部地区上升幅度最大。东部、中部、西部地区的大税占比分别为64.4%、57.3%和60.2%，同样是中部地区这一指标上升幅度最小，东部地区上升幅度最大。从这两个比重能直观看出，东部、中部地区税收收入方面的差异主要表现为大税收入存在差异，而东部、西部地区在大税占比相当的情况下，税收收入占比仍然存在较大差距，反映出西部地区在小税种征管方面弱于东部地区。从两个比重的上升幅度也能看出，东部地区

两个比重的上升幅度均大于中西部地区，反映出在经济活动恢复的过程中，东部地区税收收入的增长更加明显，收入结构的改善也更为明显。

东部、中部、西部地区的土地财政依赖度分别为70.0%、75.2%和58.0%，在2021年地方政府一般公共预算收入有明显回升的背景下，各地区土地财政依赖度较之2020年均有所下降。尽管中部地区的土地财政依赖度仍然是三个地区中最高的，但是中部、西部地区的土地财政依赖度均有较大幅度的下降，反映出中部、西部地区土地市场降温更加明显。

表5-3　2021年东部、中部、西部地区财政收入稳健指数及分项指标

指标	东部地区	中部地区	西部地区
财政收入稳健指数	44.6	22.2	23.8
人均财政收入（万元）	1.33	0.55	0.59
税收收入占比	78.1%	70.1%	68.2%
大税占比	64.4%	57.3%	60.2%
土地财政依赖度	70.0%	75.2%	58.0%

注：此处的人均财政收入未剔除价格因素。

5.2.2　分项指标的省际对比

1. 人均财政收入

如图5-6所示，在人均财政收入方面，上海、京津地区、江浙地区仍然位居前列。人均财政收入最高的上海数值为3.12万元，较上年增加了0.29万元；人均财政收入最低的省份为广西，为0.36万元，较上年增加了0.02万元。2021年，人均财政收入的基尼系数为0.309（剔除价格因素后，实际人均财政收入的基尼系数为0.322），与2020年的水平相当[①]。从2014年开始，各地方财力均等化水平不断上下波动，始终未出现进一步的下降，且相较于各地方人均生产总值，各地方财力差距更加明显，反映出地方政府财力横向不均的问题仍然十分突出。增长率方面，湖北实际人均财政收入增长率超过20%，黑龙江和陕西增长率超过10%，其余省份的实际人均财政收入也出现了不同幅度的增长，全国仅西藏的实际人均财政收入出现负增长。

① 由于实际人均财政收入的计算会因受到以前年份GDP指数调整的影响而发生变动，故本报告计算得到的2020年基尼系数0.323与上年报告的计算结果0.318有细微差异。

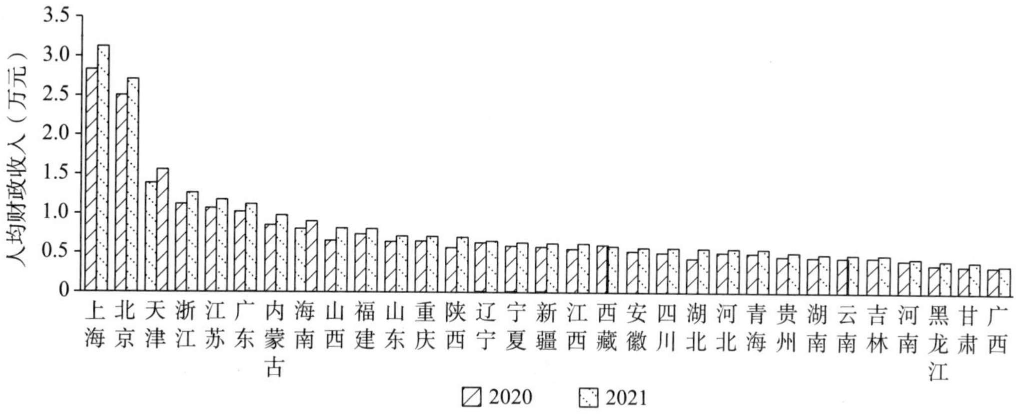

图 5-6 2020 年和 2021 年各省份人均财政收入

注：此处的人均财政收入未剔除价格因素。

2. 税收收入占比

如图 5-7 所示，在税收收入占比方面，江浙地区与北京、上海同样位居前列。2021 年，北京、上海和浙江的税收收入占比大于 85%。2021 年税收收入占比最低的省份为贵州，仅为 59.8%。值得注意的是，海南和新疆 2021 年税收收入占比出现了较大幅度的增长，其余省份相较 2020 年的变动幅度在 5 个百分点以内，变动幅度较小。

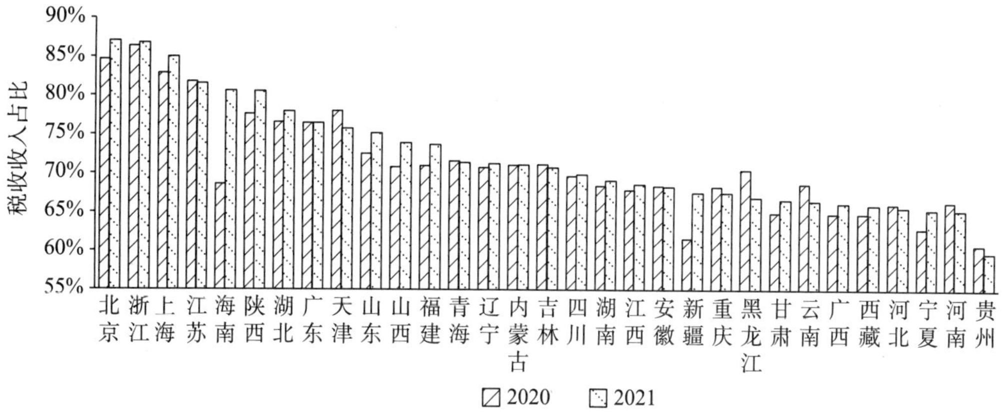

图 5-7 2020 年和 2021 年各省份税收收入占比

3. 大税占比

如图 5-8 所示，在大税占比方面，西藏、上海和北京仍位居前列。2021 年，西藏的大税占比超过 75%；上海、北京和天津的大税占比均超过 70%；内蒙古的大税占比仍排在末位，但相较 2020 年有所增长，达到了 50%。在变动幅度方面，各个省份大税占比与2020年相比的变动均在5个百分点以内，变动幅度相对较小，但排名靠后的几个省份大税占比较2020年均有所提高。

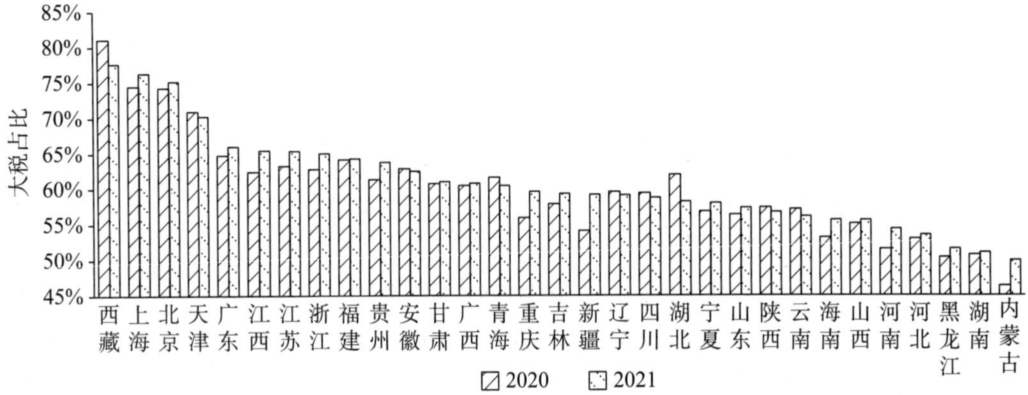

图5-8　2020年和2021年各省份大税占比

4. 土地财政依赖度

如图5-9所示，在土地财政依赖度方面，2021年，江浙地区位居前列，湖南位居第三；内蒙古、黑龙江和宁夏位居末席。大多数省份土地财政依赖度均较2020年有较大幅度的下降，其中，云南、海南这一指标较2020年下降超过20个百分点，浙江、江西、重庆、山西和甘肃较2020年下降超过15个百分点。在土地财政依赖度上升的地区，江苏较2020年上升10个百分点，天津较2020年上升6个百分点，其余地区的上升幅度都小于5个百分点。

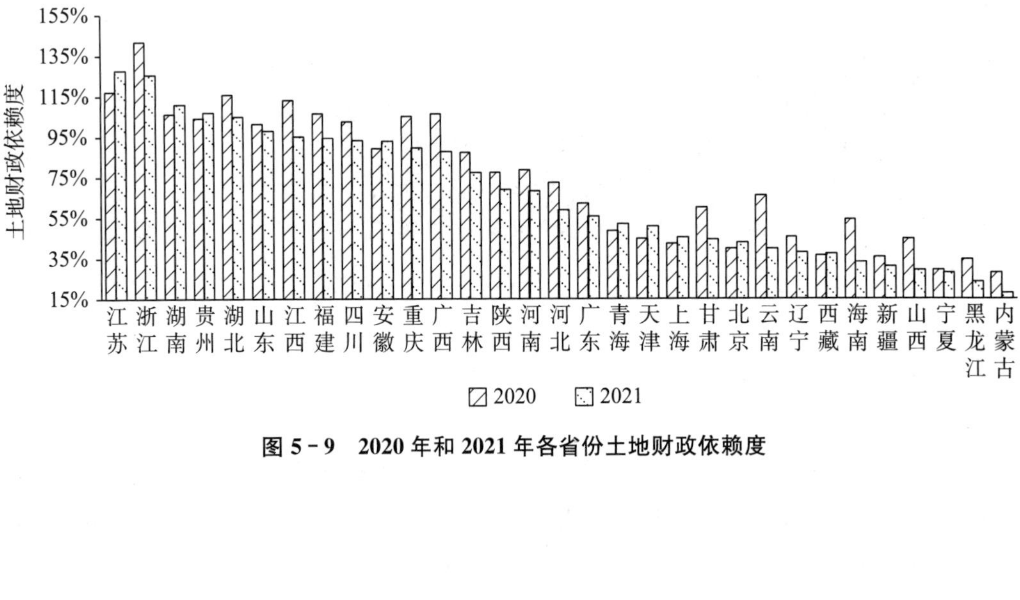

图5-9　2020年和2021年各省份土地财政依赖度

5.2.3 各省份财政收入稳健指数的排名

根据各省份的基础数据，使用指数化的方法得到各省份 2021 年财政收入稳健指数，得分越高，代表财政收入越稳健（见图 5－10）。财政收入稳健指数排名居前的分别是上海、天津和北京；居于末位的分别是贵州、湖南和广西，其中，贵州和广西排名较低的主要原因是地方财力较弱，而湖南则是由于大税占比较低以及土地财政依赖度过高。各省份的相对排名变化较小。

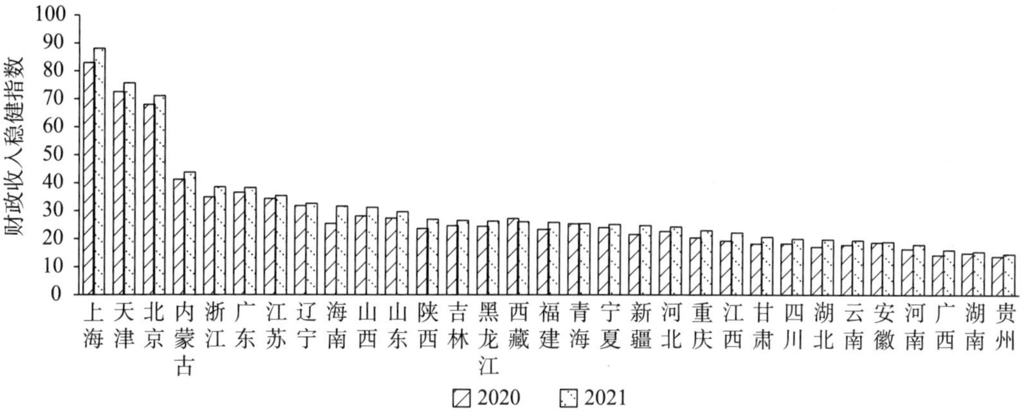

图 5－10 2020 年和 2021 年各省份财政收入稳健指数

5.3 财政收入稳健指数小结

2021 年，我国实施的管控措施在遏制疫情方面取得了明显的成效，经济活动有序恢复，带动我国财政收入小幅增长，同时也推动我国财政收入稳健指数有所提高。经济活动恢复不仅提高了地区财力，而且能更显著地带动税收收入和大税收入增加，从而改善了地区收入结构，提高了地区财政收入的质量。

然而，我国的财政收入健康水平相比疫情前并未显著提高，这突出表现为以下几个问题：其一，疫情尚未结束，不少地区仍受到疫情的反复冲击，在反复多变的疫情形势下能否继续保证正常生产活动有序开展，保障经济增长和地区财力提高，存在不确定性；其二，税收收入占比和大税占比能否在未来保持稳定，尤其是如何协调税收优惠政策（特别是大税种的优惠政策）和稳定税收收入之间的关系，优化财政收入结构，仍需要思考；其三，各个地区之间财力横向失衡的问题仍然严重，并且地方政府财力失衡较地方经济发展失衡更加明显，这可能意味着各个地区地方政府规模和经济发展之间不完全协调；其四，土地出让收入增幅的下降固然有助于改善地方财政收入结构，但若土地出让收入的下降并非来源于地方政府的主动行为而是来源于房地产市场的降温，那么这反而可能会加大地方政府的收入压力，不利于地方政府对财政收入结构的自主性调整。

综合来看，保障经济发展是居于首要地位的，只有确保经济发展并满足地方基本的财力需求，才有空间有余力进行更深入的收入结构改革。在短期内，我国尚无法构建起能够尽可能免疫外生冲击的稳定的地方收入体系，因此地方财政收入的增长势必植根于地方经济的发展。保障地方财力稳定，需要我国不断改良疫情防控措施，减少疫情反复对正常生产活动造成冲击，并且需要我国坚持供给侧改革，坚持新发展理念，加快转变经济发展动能，从而不断推进经济高质量发展。但与此同时，构建地方税制体系也是未来税制改革的必要步骤，应当细致考量和规划。

地方财政收入稳健指数在近几年未能进一步上升，除了由于地方财力增长受制于经济增长的放缓而放缓，还因为地方税收收入和大税收入未能稳定。在 2021 年，税收收入占比和大税占比的下降趋势出现反转，但这更可能是源于疫情形势缓解后经济复苏的刺激效果，而并非来源于税制结构本身的改善。稳定税收收入占比和大税占比，需要进一步推进税收法治化，避免随意出台税收优惠政策，取缔随意收费行为，保障税收收入和大税收入的稳定。

在土地出让收入方面，该项收入容易受到房地产市场波动的影响。地方政府既应当加强对土地市场的管理，合理规划土地出让数额，也应当避免土地市场波动影响地方政府收入，防止地方政府通过非税收入等其他手段去扩张财政收入，反而导致地方收入结构的恶化。

除了影响地方政府收入稳健指数的四大指标，地方政府还面临着横向财力不均的问题，地方政府横向财力不均较之各个地方经济发展的不平衡更加突出，反映出经济发展程度更高的地区更能够从经济发展中汲取财政收入，而经济发展程度较低的地区这一能力较弱。这意味着经济欠发达地区在推进经济发展过程中应该同时注重培植税源、提升税收征管水平，提高地区经济发展反哺地方财力的能力。

第六章　财政支出优化指数

本部分对地方财政支出优化指数进行介绍，该指数由八个分项指标构成，包括人均财政支出、教育支出占比、医疗支出占比、社会保障支出占比、科技支出占比、环保支出占比、行政管理支出占比和财政投资性支出占比。分项指标的定义及权重见表 6-1。

表 6-1　财政支出优化指数分项指标构成

指标名称	指标方向	权重	指标类别	定义
2. 财政支出优化指数		**100%**	**方面指数**	
2a 人均财政支出	正向	30%	分项指标	一般公共预算支出/人口（剔除价格因素）
2b 教育支出占比	正向	10%	分项指标	教育支出/一般公共预算支出
2c 医疗支出占比	正向	10%	分项指标	医疗支出/一般公共预算支出
2d 社会保障支出占比	正向	10%	分项指标	社会保障支出/一般公共预算支出
2e 科技支出占比	正向	10%	分项指标	科技支出/一般公共预算支出
2f 环保支出占比	正向	10%	分项指标	环保支出/一般公共预算支出
2g 行政管理支出占比	负向	10%	分项指标	一般公共服务支出/一般公共预算支出
2h 财政投资性支出占比	负向	10%	分项指标	固定资产投资资金来源中的“国家预算资金”/一般公共预算支出

原始数据均来自历年《中国统计年鉴》。一般公共预算支出及具体各项支出口径均为地方政府本级。指标 2a 代表人均财政支出，使用 GDP 价格平减指数折算为 2008 年不变价格。这一指标反映了地方政府职能与活动规模，以及政府支出总量的变化情况。其余指标均是财政支出结构性指标。指标 2b、2c 和 2d 分别代表教育

支出占比、医疗支出占比和社会保障支出占比。这三类支出为典型的民生性财政支出，为当前财政支出的重中之重。政府在科技方面的投入是促进科技创新、补短板的重要推力。指标2e所代表的科技支出占比一定程度上体现了我国经济转型升级与高质量发展的进程。“绿色经济”概念深入人心是构建生态文明、建设美丽中国、确保长期可持续发展这一追求的体现，因此指标2f（环保支出占比）也是财政支出结构的重要组成部分。以上指标均为正向指标，政府的该类支出在财政支出中的占比越高，分项指标的得分越高。而指标2g（行政管理支出占比）和指标2h（财政投资性支出占比）则为负向指标，该类支出在财政支出中的占比越高，分项指标的得分越低。值得注意的是，2007年我国财政支出分类方式改革后，行政管理支出这一支出门类已经取消。由于在现行的分类方式中，一般公共服务支出是行政管理支出的主体部分[①]，因此我们用一般公共服务支出占比反映行政管理支出占比。尽管在教育、医疗、社会保障等支出门类当中包含着一部分相关行政机关的行政管理支出，但是这部分支出数量极小，数据的可得性受到限制，因此我们仍选用一般公共服务支出衡量行政管理支出。指标2h衡量的是财政投资性支出占比，体现了政府集中性、政策性投资所使用的财政资金的占比情况。从理论上讲，分子中固定资产投资资金来源中的“国家预算资金”包含了一般公共预算、政府性基金预算、国有资本经营预算三本账上的资金，分母不应使用一般公共预算支出，而应该使用全口径的地方财政支出；但是由于一般公共预算支出的跨时间稳定性更高，因此分母选用一般公共预算支出能够更好地反映出财政资金的投资倾向。

6.1 财政支出优化指数的平均趋势

6.1.1 方面指数的平均趋势

图6-1显示，2008—2021年我国财政支出优化指数基本呈现上升态势，从2008年的30.31不断增长，并在2020年达到最高值46.46，但在2021年回落至46.19。从增长速度来看，除了2013—2015年出现了较快的增长、2020—2021年增长速度为负之外，其余年份指数增速基本保持稳定。总体而言，2008年以来我国

① 一般公共服务支出包括人大事务、政协事务、政府办公厅（室）及相关机构事务、发展与改革事务、统计信息事务、财政事务、税收事务、审计事务、海关事务、纪检监察事务、商贸事务、知识产权事务、民族事务、港澳台事务、档案事务、民主党派及工商联事务、群众团体事务、党委办公厅（室）及相关机构事务、组织事务、宣传事务、统战事务、对外联络事务、其他共产党事务、网信事务、市场监督管理事务以及其他一般公共服务支出。

财政支出优化指数呈现上升趋势，一方面表明我国经济增长态势良好，人均财政支出规模不断提升；另一方面也反映我国财政支出结构不断优化，教育支出占比、医疗支出占比、社会保障支出占比等民生性财政支出占比以及科技支出占比等正向指标持续提升，而行政管理支出占比等负向指标逐年下降。这一现象表明我国财政支出的民生性特征不断显现，财政支出效率正在逐渐提升，财政支出职能越来越能够与经济和社会发展相协调。尽管 2021 年我国继续加强了对民生以及科技创新的支持与保障，教育支出占比、社会保障支出占比以及科技支出占比有效提升，然而 2021 年人均财政支出以及环保支出占比较 2020 年下降幅度较大。这可能是由于 2021 年随着疫情的影响消退，财政政策逐渐回到正轨，人均财政支出较 2020 年有所降低，同时环保支出受到“三保”等重点领域的支出挤占而降低所造成的。因此综合来看，2021 年财政支出优化指数有所下降。

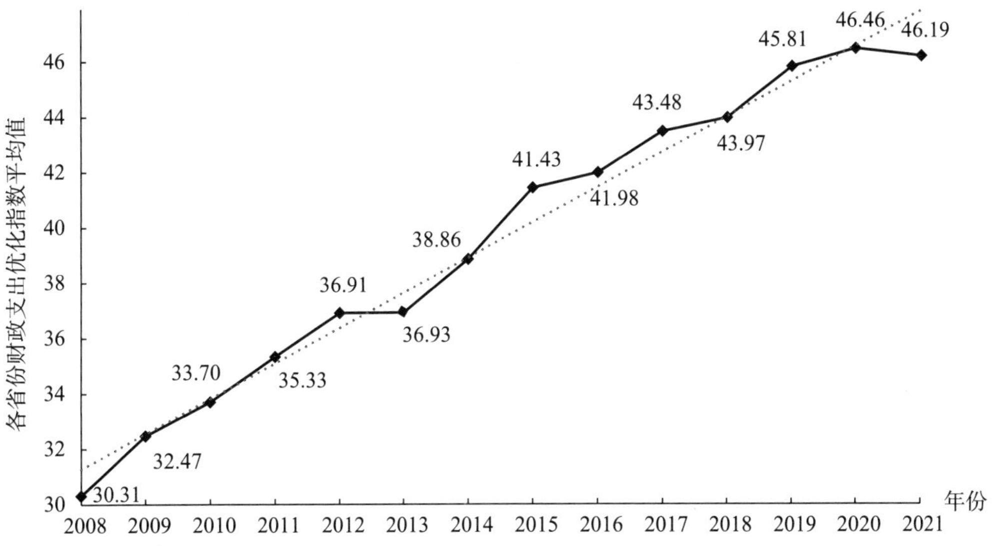

图 6－1　2008—2021 年各省份财政支出优化指数平均值的变动趋势

6.1.2　分项指标的平均趋势

尽管财政支出优化指数整体呈现稳步上升态势，但各分项指标在 2008—2021 年间的变动趋势却呈现出不同的特点。各分项指标的平均变动趋势如图 6－2 至图 6－6 所示。总体而言，我国人均财政支出规模不断扩大，教育支出、医疗支出、社会保障支出等民生性财政支出占比在 2021 年继续提升至 41.02%，表明地方政府切实落实了保障民生支出、不断增进民生福祉的工作；科技支出占比与环保支出占比始终相对较低，2021 年科技支出占比较上一年有所上升，而环保支出占比则在2021年再次大幅度下滑，达到2008年以来的最低水平；行政管理支出占比自2008年以来有了显著的降低，近年来逐渐稳定在8%～9%的水平上，“吃饭财政”的问题得到了缓解；财政投资性支出占比在2011—2019年先升后降，表明“建设财政”正逐步向“民生财政”转变，但2020—2021年财政投资性支出占比却再次回升。具体各分项指标变动情况如下。

图6-2绘制了人均财政支出在2008—2021年的变动趋势。人均财政支出的变动与财政支出优化指数十分相似，在2008—2020年间呈现几乎“线性”的平稳增长趋势，并在2021年有所下降——从2008年的0.47万元到2021年的1.57万元，我国人均财政支出提高了约234.04%。这一方面表明我国经济近年来呈现增长态势，另一方面也表明我国财政支出规模不断扩大，各级地方政府承担事权与支出责任的能力不断增强。我国人均财政支出在2021年较上一年有所下降。这一现象的出现一方面可能是由于2021年中央继续带头过紧日子，从严编制预算，并督促地方政府合理安排支出预算规模；另一方面可能是在经济逐步恢复的背景下，财政政策回归正轨，同时2021年财政赤字率安排较2020年进一步下调，导致了地方人均财政支出规模下降。

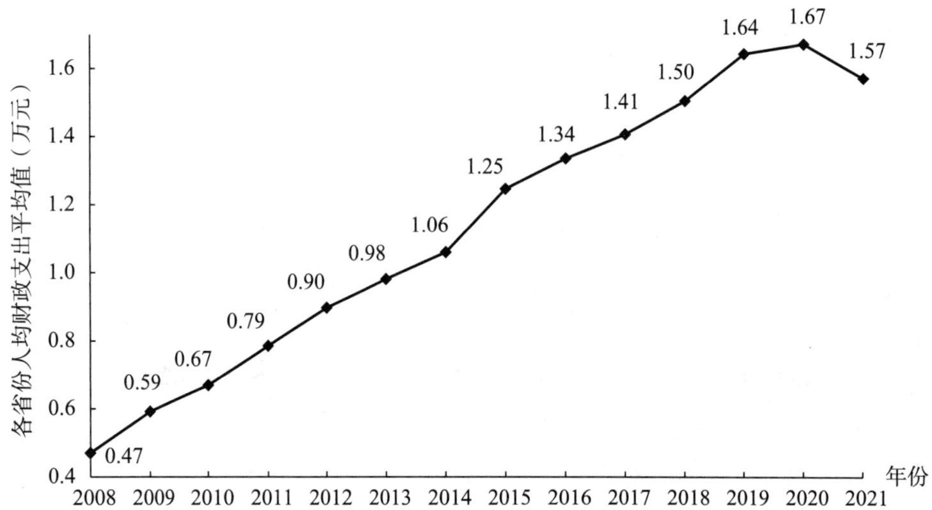

图6-2　2008—2021年各省份人均财政支出平均值的变动趋势

作为财政履行社会职能的重要方面，满足社会公共需求、保障民生、提升居民总体福利的民生性财政支出愈加受到政府重视。教育支出占比、医疗支出占比与社会保障支出占比变动情况如图6-3所示。柱状图代表的是上述三类核心民生性财政支出占比之和。从图中可以看出，民生性财政支出在2008—2010年经历了连续三年的下降，这可能是由于金融危机后国家财政需要时间来逐步恢复；而从 2011 年起开始呈现上升趋势，逐渐恢复至金融危机前的水平；2016—2019 年稳定在 37%～38%。2020 年开始，为抵御新冠疫情所带来的负面影响，我国地方政府将财政资金更多地配置在民生性支出方面，民生性财政支出占比大幅度上涨。2021 年我国地方政府继续加大对教育和社会保障的投入，同时继续保障医疗支出，使得民生性财政支出继续保持增长，占比较 2020 年增加 1.31 个百分点，达到 41.02%。

教育支出占比、医疗支出占比和社会保障支出占比的具体变动情况如图 6－3 中的折线所示。虽然三类核心民生性财政支出占比总体呈现上升趋势，但 2019 年以前教育支出、医疗支出与社会保障支出三者之间基本存在互补的变动趋势。这在一定程度上反映出地方政府在承担保障民生的事权和支出责任时，可能存在财力不足的问题。

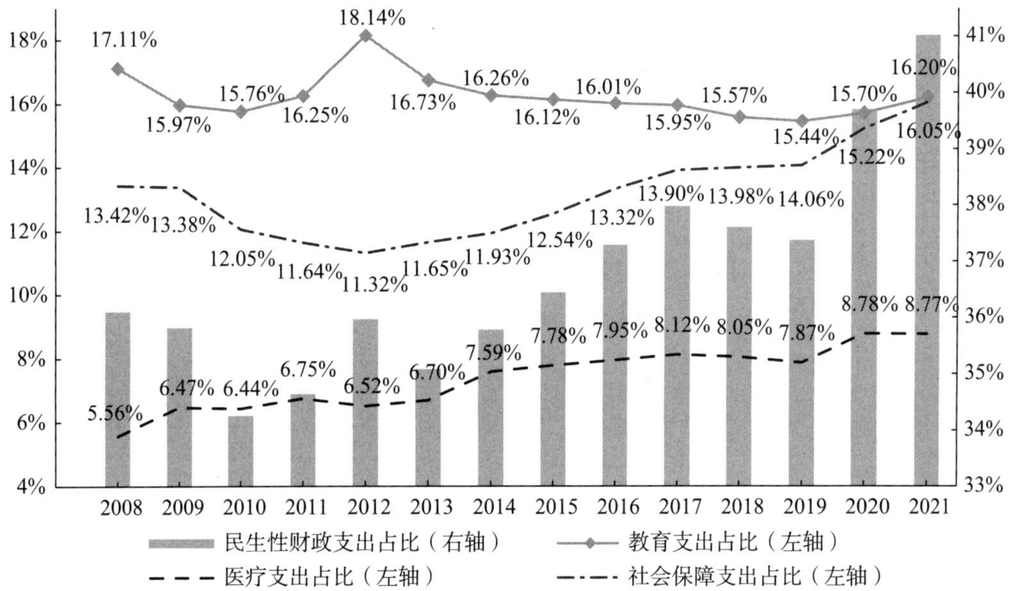

图 6－3　2008—2021 年各省份民生性财政支出占比平均值的变动趋势

注：民生性财政支出主要包含教育、医疗以及社会保障支出。

教育支出在民生性财政支出中占据首位。在 2012 年前，教育支出在三种民生性财政支出中占比最高，且持续呈现上升趋势，在 2012 年占比达到最高值 18.14%。这一定程度上是由于 2012 年义务教育、高等教育、职业教育以及学生资助等方面的财政支持教育政策不断出台。此后，教育支出占比缓慢降低。2017 年《关于深化教育体制机制改革的意见》提出“确保一般公共预算教育支出逐年只增不减”。2019—2021 年教育支出占比再次恢复上升趋势，且增幅不断增大，其中

2021 年教育支出占比相比 2020 年提高了 0.5 个百分点。

从社会保障支出来看，社会保障支出占比在 2012 年前呈现明显的下降趋势。2011 年《社会保险法》的实施以及社会保障改革的不断推进有效地促进了社会保障支出的增长。2012 年后，社会保障支出占比开始不断上升，并于 2017 年超过了 2008 年的水平。此后，2017—2019 年社会保障支出增速有所放缓，占比稳定在 14%左右。2020 年社会保障支出占比再次大幅提升，2021 年我国进一步扩大了对企业职工基本养老保险基金的补助规模并提高了基金中央调剂力度，同时继续提高退休人员基本养老金、优抚对象抚恤和生活补助标准。当年社会保障支出占比提高了 0.83 个百分点，达到了 16.05%。社会保障支出占比的提高一方面体现了政府对保障民生的重视，另一方面也反映出我国人口老龄化等问题的不断恶化。

从医疗支出来看，2008 年以来我国医疗支出占比始终呈现缓慢增长趋势。2020 年新冠疫情暴发后，为了保障人民正常生活，我国地方政府的医疗支出大幅提高。在 2020 年医疗支出高基数的基础上，尽管 2021 年疫情得到控制，但地方政府继续保持较大支出力度，支出占比与上年基本持平，仅下降了 0.01 个百分点，达到了 8.77%。

图 6 - 4 展示了 2008—2021 年间我国科技支出占比和环保支出占比的变动情况。就科技支出而言，除部分年份（2011 年、2014 年、2015 年和 2020 年）占比出现小幅下降外，其余年份均呈现增长态势，但各年份占比均不高。2020 年受新冠疫情影响，部分科技项目延迟或暂缓执行，使得科技支出占比有所降低。2021 年我国科技支出恢复增长，占比提高了 0.21 个百分点，达到 2008 年以来我国科技支

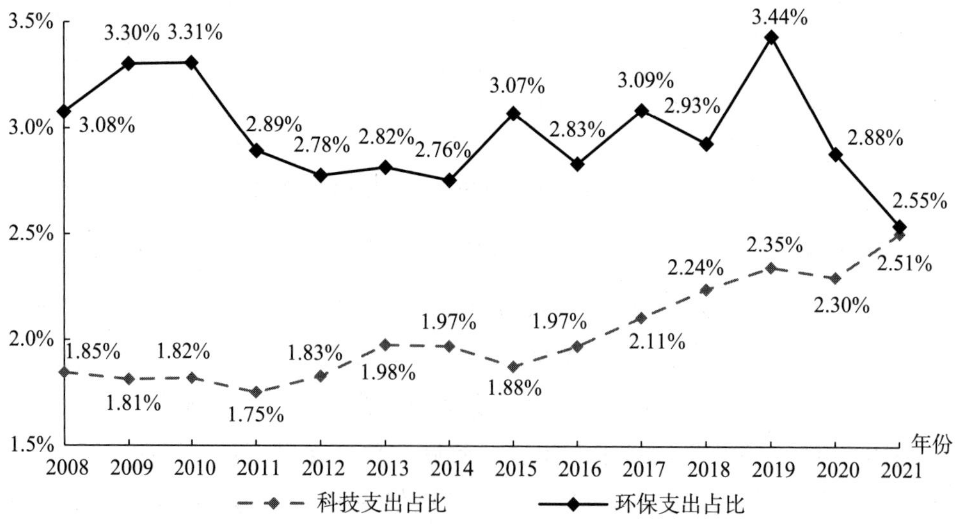

图 6 - 4 2008—2021 年各省份科技支出与环保支出占比平均值的变动趋势

支出占比的最高值。科技支出占比的不断提高体现了我国地方政府越来越重视科技创新，致力于突破科技短板、培育发展新动能，推动区域经济由要素驱动向创新驱动转变。但是与发达国家的科技支出占比相比，我国对科技的扶持和重视还有待加强。

从环保支出来看，2008—2021年间我国环保支出占比始终相对较低，且在2.55%到3.44%之间反复波动。这一定程度上反映出我国在环境治理方面存在缺乏持久性、费用调整频繁等问题，这一现象的存在可能与地方政府财力有限有关。自2020年开始，我国的地方政府环保支出占比大幅下降，2021年继续降至2.55%。之所以出现这一现象，一方面可能是因为财政支出结构更加趋向"三保"等重点领域，使得环保支出一定程度上被挤占；另一方面可能是因为经济下行背景下，部分地区降低了对环境保护的重视程度，进而减少了环保方面的财政支出。

近年来，我国对各级政府的行政管理支出进行了深入的改革和严格的管理，例如减少"三公经费"支出、加强预算管理、强化预算约束、完善监督机制等，成效显著（见图6-5）。2008—2021年间我国行政管理支出占比持续下降，从15.25%下降到8.52%，几乎减少了一半。尽管2015—2021年间行政管理支出占比仍有小幅度的波动，但均未超过9%。2021年我国行政管理支出占比较上年增加了0.08个百分点，一定程度上表明我国各级政府仍然需要继续从严控制一般性支出，努力降低行政运行成本。长期以来，行政管理费用改革为我国节约了大量的财政资金，减轻了财政支出负担，有利于更好地利用财政资源，为增加改善民生、支持市场主体发展等方面的财政支出提供了空间，逐步缓解了"吃饭财政"的不良状况。

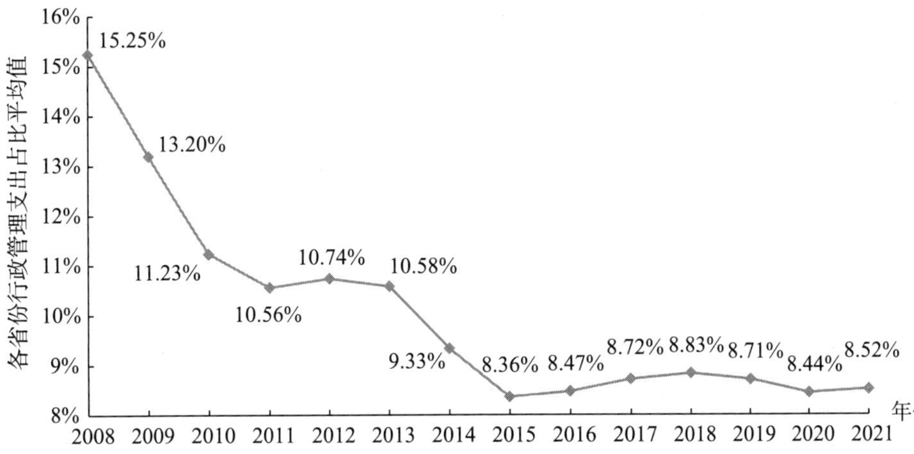

图6-5　2008—2021年各省份行政管理支出占比平均值的变动趋势

图 6－6 呈现了 2008—2021 年财政投资性支出占比的变动情况。我们选用固定资产投资资金来源中的“国家预算资金”作为对财政投资性支出的度量。我国的财政投资性支出占一般公共预算支出的比重总体呈现波动上升的趋势，由 2009 年的 22.51%下降至 2011 年的 17.64%，再上升到 2016 年的 25.36%，此后又逐步下降到 2019 年的 20.69%，但 2020 年后再次攀升。2021 年财政投资性支出占比仍呈上升趋势，较 2020 年上升了 0.45 个百分点，达到 26.62%。这可能由于 2021 年是“十四五”开局之年，大量新建设项目的规划及实施使得财政投资性支出持续增长。财政投资性支出在积极的财政政策中发挥着重要作用。财政投资性支出的增长一定程度上显示出，在稳增长的目标下，地方政府加大了财政投资的力度，以缓解经济下行压力。

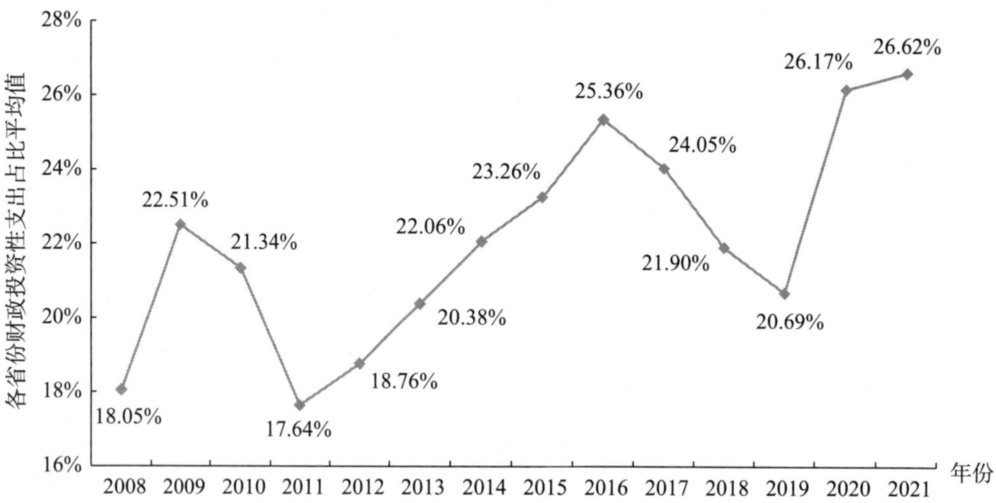

图 6－6　2008—2021 年各省份财政投资性支出占比平均值的变动趋势

6.2　财政支出优化指数的省际比较

6.2.1　东部、中部、西部地区的对比

图 6－7 展示了 2021 年东部、中部、西部地区各项财政支出所占比重的对比情况。各地区财政支出结构既有相似性也存在着差异。从地区间的共性来看，无论是东部、中部地区，还是西部地区，财政投资性支出占比均为最高，社会保障支出占比与教育支出占比次之，再次是医疗支出占比与行政管理支出占比，而科技支出占比与环保支出占比最低。这在一定程度上表明我国当前仍处于投资建设的重要阶

段，财政投资性支出对于地区发展而言仍然是必不可少的。同时，我国地方政府高度重视教育支出、医疗支出以及社会保障支出等民生性支出，努力提高人民生活质量。然而就对于国家长期可持续发展所必不可少的科技支出和环保支出而言，其受重视程度依旧有待提高。

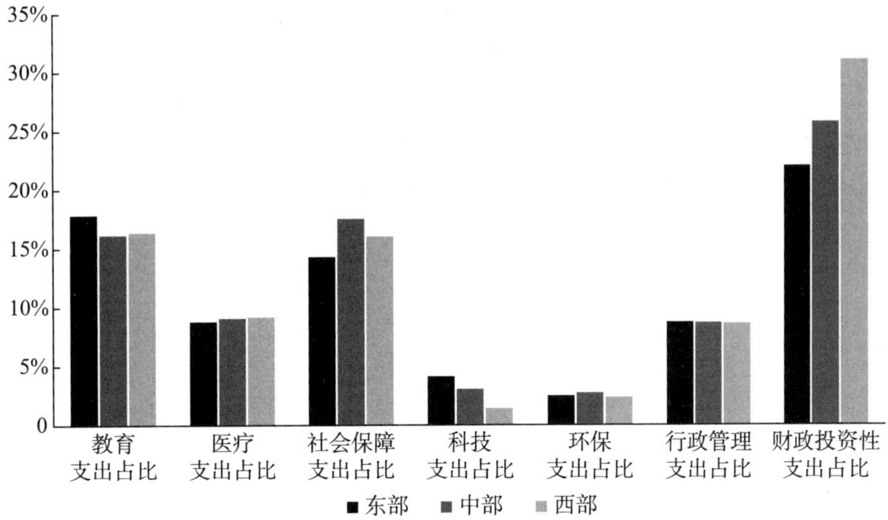

图 6-7　2021 年东部、中部、西部地区财政分项支出占比情况

从东部、中部、西部地区间的差异来看，东部地区的教育支出占比（17.85%）与科技支出占比（4.12%）在三大地区之中均为最高，说明东部地区相比中部和西部地区更加重视人力资本的积累、科技研发与生产率的提高。中部地区社会保障支出占比在三个地区中是最高的，达到了 17.53%，表明中部地区比东部和西部地区更加注重保护居民的福利或者其老龄化等民生问题相对于其他地区而言更加严重。西部地区财政投资性支出占比达到了 31.07%，远高于东部地区（22.02%）与中部地区（25.75%），这与西部地区经济发展相对滞后、基础设施亟待投资建设的现状相吻合。同时西部地区的科技支出占比仅为 1.04%，远低于东部地区（4.12%）与中部地区（3.05%）的水平。此外，东部、中部、西部地区医疗支出占比、环保支出占比以及行政管理支出占比较为接近。

6.2.2　分项指标的省际对比

1. 人均财政支出

图 6-8 反映了 2020 年与 2021 年各省份人均财政支出的排名情况。从图中可知，2021 年安徽的人均财政支出最低，仅为 0.85 万元。人均财政支出排名前三的

省份依次为西藏、天津与青海，与 2020 年的前三名一致。排名最高与最低的省份的人均财政支出差值为 2.94 万元，约为排名最低省份的 3.5 倍。我国人均财政支出呈现出“两头高中间低”的分布趋势，即西部经济较落后地区与东部经济较发达地区人均财政支出均偏高，而中部大部分省份人均财政支出较低。我国西部地区人口分布呈现出密度较低的特点，公共服务与管理的成本相对较高，且同时享有较多的中央转移支付，因此人均财政支出较高。而中部地区省份多为人口大省，因此一定程度上拉低了人均财政支出。从增长情况来看，2021 年疫情形势好转后多数省份的人均财政支出均有所下降。仅上海、江苏、浙江、广东 4 个经济较为发达省份的人均财政支出继续上升，但上升幅度均较小。在人均财政支出下降的各省份中，西藏人均财政支出减少得最多，降幅达到 0.45 万元。

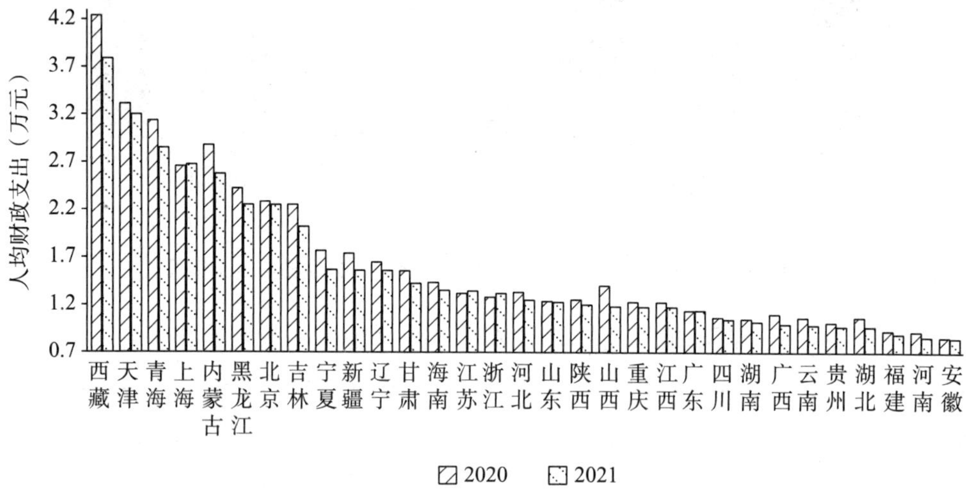

图 6-8　2020 年和 2021 年各省份人均财政支出

2. 教育支出占比、医疗支出占比和社会保障支出占比

各省份教育支出占比、医疗支出占比和社会保障支出占比的排名如图 6-9 至图 6-11 所示。从图 6-9 可知，2021 年教育支出占比最高的三个省份依次是广东、福建与山东，其中广东教育支出占比达 20.81%。教育支出占比最低的省份为黑龙江，2021 年仅为 11.18%，但较 2020 年有较大提升，提高了 0.86 个百分点。2021 年我国继续加大教育投入，与 2020 年相比，仅有浙江、江苏、北京、海南、宁夏、上海与辽宁 7 个省份教育支出占比有所下降，且下降幅度均较小，大多数省份教育支出占比在 2021 年呈现增长态势。其中，教育支出占比提高幅度最大的为广西，提高了 1.67 个百分点。

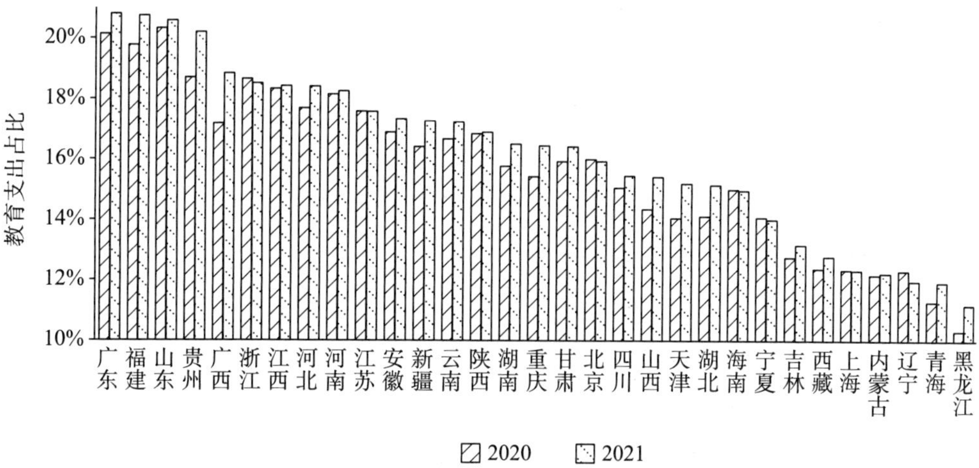

图 6-9　2020 年和 2021 年各省份教育支出占比

就医疗支出占比而言（见图 6-10），2021 年最高的三个省份分别为云南、广西与河南，而西藏、天津和辽宁三个省份最低。尽管 2021 年疫情有所缓和，但各省份疫情防控等方面的医疗支出依旧没有减少，超半数省份医疗支出占比仍然呈现上升趋势。其中上升幅度最大的是甘肃与上海，分别上升了 0.79 与 0.78 个百分点。相比之下，2020 年受疫情冲击最严重的湖北在 2021 年疫情趋于稳定，因此医疗支出占比大幅下降，下降幅度高达 3.18 个百分点。

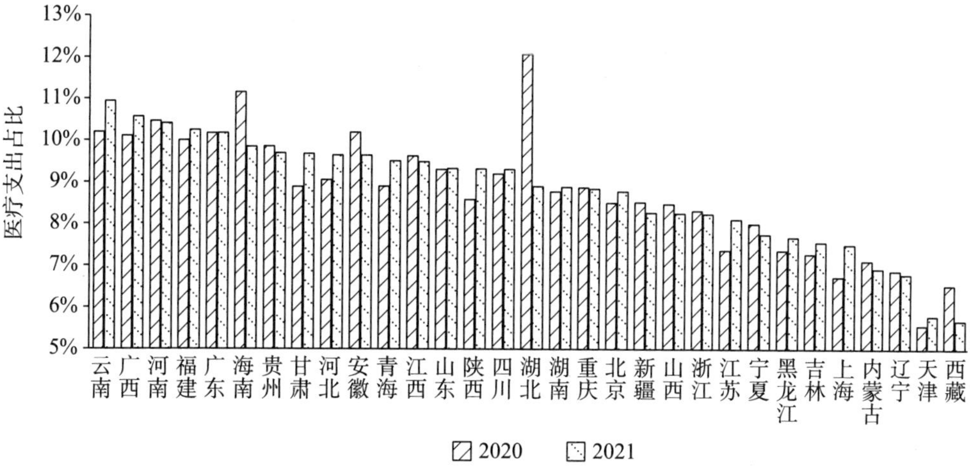

图 6-10　2020 年和 2021 年各省份医疗支出占比

各省份社会保障支出占比情况如图 6-11 所示。从图中可知，东北三省以及川渝地区社会保障支出占比较高，在各省份中位列前五，且社会保障支出占比持续提高。其中，社会保障支出占比最高的为辽宁，2021 年达到了 28.06%。东北三省作为老工业基地，拥有众多离退休以及下岗职工，社会保障负担较为沉重，因此社会保障支出占比较高也符合实情。而社会保障支出占比最低的省份为西藏，2021 年仅为 9.57%，比最高的辽宁低了 18.49 个百分点。与 2020 年相比，除江苏、北京与陕西外，各省份的社会保障支出占比均有所提高，其中天津、湖北以及宁夏社会保障支出占比提高得最多，依次提高了 2.5、2.3 以及 2.1 个百分点。

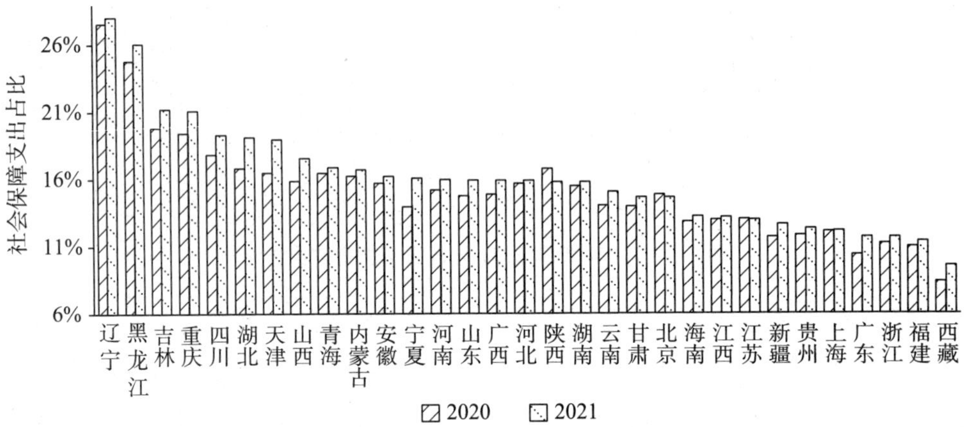

图 6－11　2020 年和 2021 年各省份社会保障支出占比

综合民生性财政支出占比来看，东北三省的教育支出占比与医疗支出占比相对其他省份而言都较低，但社会保障支出占比却是最高的，说明东北三省地方政府尽管因经济增长动力不足已经财力拮据，但仍要承担沉重的社会保障压力，其下一阶段的财政收支状况和经济社会发展态势值得关注。

3. 科技支出占比

各省份政府对科技发展的重视程度以及资金的投入水平与当地经济状况直接相关，人均地区生产总值较高的省份既有进一步发展科技的需求，也有投资科技发展的财力，而科技创新也会为当地经济发展提供更强的驱动力。因此，我国地方政府的科技支出占比与人均地区生产总值呈显著的正向相关关系。从图 6－12 中可知，科技支出占比位居前三名的省份依次为北京、安徽与广东，而最低的三个省份为西藏、青海与内蒙古。但纵向对比看，科技支出占比的变动幅度与地区生产总值的正向关系不显著。在科技自立自强的国家发展战略支撑下，2021 年多数省份科技支出占比呈现出上升趋势，仅有湖南、广东、天津与贵州四个省份科技支出占比有所下降。河南、四川与陕西科技支出占比提高得最多，分别提高了 0.91、0.81 与 0.58 个百分点。

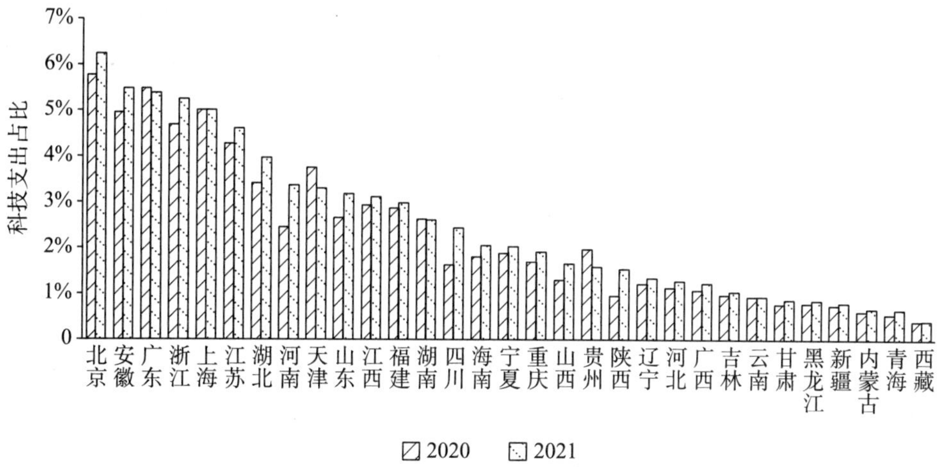

图 6-12 2020 年和 2021 年各省份科技支出占比

4. 环保支出占比

如图 6-13 所示，2021 年我国各省份地方政府环保支出占比普遍呈现下降趋势。全国 31 个省份中仅有贵州、新疆、北京、江西、青海和安徽 6 个省份的环保支出占比有所上升。在环保支出占比下降的省份中，河北、黑龙江与西藏下降得最多，分别下降了 1.67、1.29 与 0.86 个百分点，这可能与当地生态环境的持续好转有关。环保支出占比的下降一方面可能是由于当地环境在持续治理下有所好转，单位地区生产总值能耗有所降低，从而使得环保支出需求降低；另一方面也可能是由于地方政府用于民生等方面的支出进一步上升，从而使得环保支出所需的资金一定

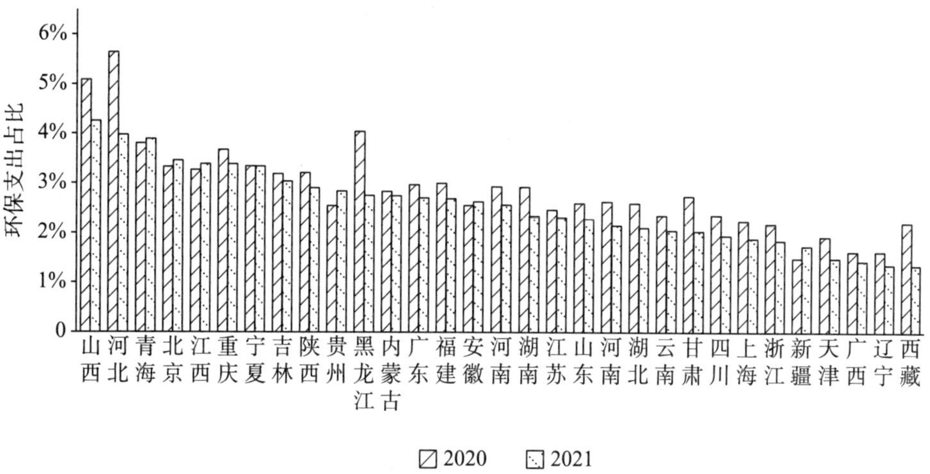

图 6-13 2020 年和 2021 年各省份环保支出占比

程度上被挤占。2021 年，山西、河北、青海、北京等省份环保支出占比相对较高，处于 3%～5%的水平。而西藏环保支出占比最低，这可能与当地较低的环境维护成本有关。

5. 行政管理支出占比

2020 年和 2021 年我国各省份行政管理支出占比如图 6－14 所示。2021 年，占比最高的三个省份依次是西藏、河南与浙江；其中西藏行政管理支出占比达 14%，较排名第二的河南高出了近 4 个百分点；而占比最低的为上海，仅 4.6%。2021 年各省份行政管理支出占比与上年相比变动幅度较小；其中吉林行政管理支出占比提高得最多，与上年相比提高了 0.83 个百分点；而广东尽管行政管理支出占比相对较高，但相比 2020 年占比减少得最多，降低了 0.82 个百分点。行政管理支出占比一方面与地方政府的行政效率有关，另一方面也与地区人口数量、行政管理事务的复杂程度等多种因素相关。

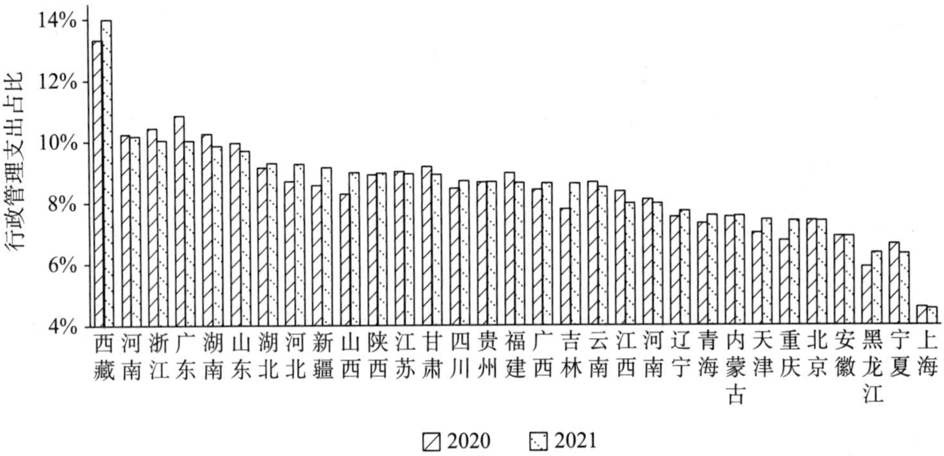

图 6－14　2020 年和 2021 年各省份行政管理支出占比

6. 财政投资性支出占比

如图 6－15 所示，2021 年，以固定资产投资资金来源中的“国家预算资金”为代表的财政投资性支出占一般公共预算支出的比重最大的省份是新疆，达到了 68.01%，其他占比较高的省份还包括云南、福建、青海等。而财政投资性支出占比最低的省份为辽宁，占比仅为 7.75%。不同省份之间差距较大。超过半数的省份 2021 年财政投资性支出占比较上一年有所上升，其中黑龙江上升最多，较上年上升了 8.89 个百分点；而云南下降最为明显，较上年下降了 12.02 个百分点。

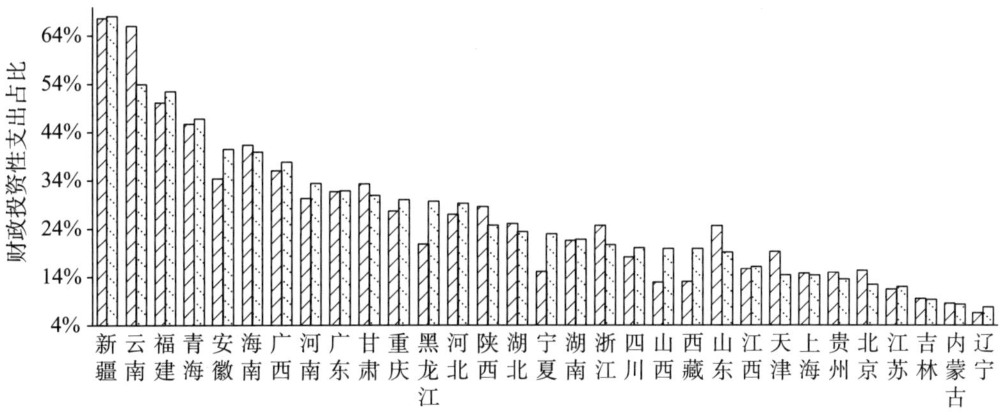

图 6-15 2020 年和 2021 年各省份财政投资性支出占比

6.2.3 各省份财政支出优化指数的排名

图 6-16 反映了 2021 年中国各省份财政支出优化指数由高到低的排名以及与 2020 年的对比情况。不同地区经济发展的阶段不同，财政支出的侧重点也不同，因此该指数的大小以及变动情况不仅反映出政府的支出结构和支出职能，更体现了地区的经济与社会发展情况。2020 年和 2021 年各省份财政支出优化指数计算结果及具体排名情况如表 6-2 所示。

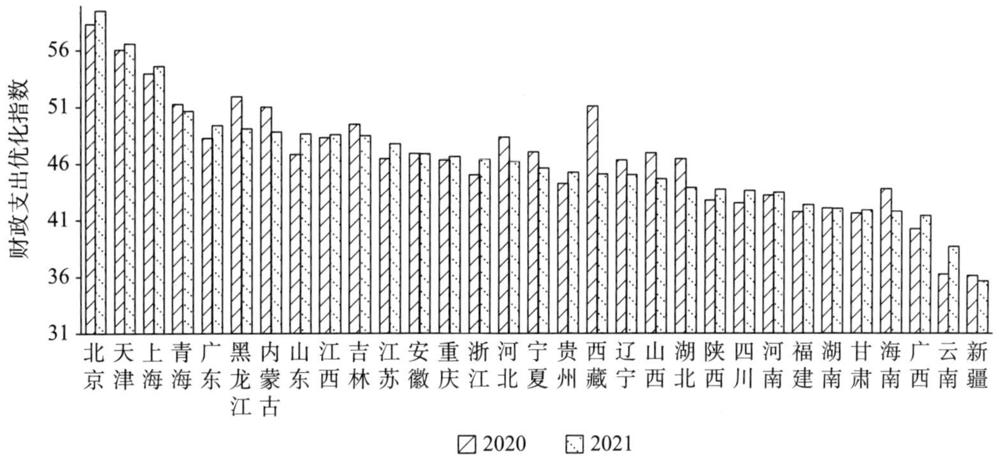

图 6-16 2020 年和 2021 年各省份财政支出优化指数

就横向截面来看，2021 年北京财政支出优化指数最高，与第二名天津之间相差 2.93。新疆的财政支出优化指数最低，仅有 35.62。其余各省份的指数值主要分布在 43～50 这一范围。

就纵向序列来看，北京、天津与上海在两年中均位列前三，且 2021 年较 2020 年均有所提高，内蒙古、湖南、广西、云南与新疆 5 个省份的排名也未发生变动。13 个省份的排名出现了上升，其余 10 个省份的排名下降。其中西藏排名下降最多，从 2020 年的第 6 名下降到了 2021 年的第 18 名，共下降了 12 名；山东排名上升得最快，从 2020 年的第 15 名上升到了 2021 年的第 8 名，排名提高了 7 位。

表 6-2　2020 年和 2021 年各省份财政支出优化指数和排名

排名	2020 年		2021 年	
	省份	指数	省份	指数
1	北京	58.33	北京	59.51
2	天津	56.04	天津	56.58
3	上海	53.95	上海	54.59
4	黑龙江	51.92	青海	50.64
5	青海	51.26	广东	49.38
6	西藏	51.05	黑龙江	49.09
7	内蒙古	50.99	内蒙古	48.80
8	吉林	49.47	山东	48.63
9	河北	48.31	江西	48.56
10	江西	48.29	吉林	48.46
11	广东	48.24	江苏	47.75
12	宁夏	47.01	安徽	46.87
13	山西	46.93	重庆	46.62
14	安徽	46.89	浙江	46.36
15	山东	46.82	河北	46.19
16	江苏	46.44	宁夏	45.59
17	湖北	46.40	贵州	45.22
18	辽宁	46.30	西藏	45.06
19	重庆	46.30	辽宁	45.02
20	浙江	44.99	山西	44.64
21	贵州	44.24	湖北	43.87
22	海南	43.75	陕西	43.71
23	河南	43.20	四川	43.61
24	陕西	42.76	河南	43.45

续表

排名	2020 年		2021 年	
	省份	指数	省份	指数
25	四川	42.52	福建	42.35
26	湖南	42.05	湖南	42.03
27	福建	41.70	甘肃	41.86
28	甘肃	41.58	海南	41.77
29	广西	40.20	广西	41.36
30	云南	36.21	云南	38.64
31	新疆	36.09	新疆	35.62

6.3　财政支出优化指数小结

6.3.1　小结

总体来看，近年来我国地方政府财政支出结构得到了明显优化，财政支出优化指数总体呈现增长趋势，说明我国地方政府财政支出效率不断提升，地方政府履行职能、承担事权与支出责任方面的能力不断提高。从分项指标来看，除 2021 年外，我国人均财政支出规模逐年增长。教育支出、医疗支出和社会保障支出这三类民生性支出的比重稳步提升，各单项支出占比总体呈现上升趋势，表明我国总体的财政支出结构正在不断优化，积极地向扶持民生、提高居民总体福利方向发展。科技支出占比正在缓慢上升，但依然相对较低。而环保支出占比则在长期内存在明显波动，且 2019—2021 年逐年降低，这可能是由于资金被投入到了民生等领域。行政管理支出占比自 2008 年以来显著下降，2015 年以来稳定在 8%～9%的水平，“吃饭财政”的情况大为改观，为增进福利提供了财力空间。财政投资性支出占比也表现出较大的波动性，2011 年至 2019 年先上升后下降，2020 年后再次回升，2021 年财政投资性支出占比达到 2008 年以来的最高水平，体现出政府投资在逆周期调节当中的作用。

横向来看，我国东部、中部、西部地区之间的财政支出结构存在一定的差异，但这种区域差异并不明显。西部地区经济发展水平仍然较低，财政投资性支出占比较高，科技支出占比偏低。东部地区的财政支出结构则更为合理，民生性财政特色明显，教育支出占比相对更高，但科技支出占比仍待进一步提升。中部地区社会保障支出占比在三大地区中最高，一方面表明地方政府注重居民福利的提升，另一方面也说明该地区老龄化程度相对较高。

6.3.2 优化财政支出结构的方向

结合财政支出优化指数分析结果，本报告提出以下几条建议：

第一，近年来，在大规模减税降费举措下，财政收支矛盾加剧，财政支出节流力度加大，尤其是压缩行政管理费用取得了很大的成效。尽管一般性支出的压缩空间日益缩小，但是我们认为严控一般性支出增长、严控“三公”经费预算、取消低效无效支出应该持之以恒、坚持不懈，防止一般性支出的反弹。部分省份的行政管理支出占比仍然较高，应该继续淡化“吃饭财政”的色彩，落实过紧日子的要求，厉行节约，从严控制和压缩以“三公”经费为代表的行政管理经费支出，将更多的财政资金用于改善和保障民生方面。要加大部门预算执行约束和审计监督力度，确保把钱用在刀刃上。

第二，我国政府在中长期之内还存在大量无法缩减的刚性支出，尤其是以下两个方面：首先是促进社会公平、保障基本民生的财政支出。近年来，我国加强乡村振兴、教育、社会保障等重点领域的支出保障，2021 年中央财政预算安排衔接推进乡村振兴补助资金 1 561 亿元，比上年增加 100 亿元；安排教育总投入接近 6 万亿元；安排社会保障和就业支出 3.39 万亿元，比上年增长 4%。其次，我国人口老龄化程度持续加深，医疗保障与养老金可持续性面对较大压力。2021 年 65 岁及以上人口已经达到 20 056 万人，占全国人口的 14.2%，这一比重在未来二十年中仍会持续走高，财政支出需为应对老龄化预留政策空间。

第三，我国地方政府的科技投入力度依然有待进一步提高。随着我国经济从高速增长阶段转向高质量发展阶段，投资驱动经济增长的效力逐渐减弱，迫切需要转变经济增长方式，从投资驱动转向创新驱动，通过科技创新、产业升级提高全要素生产率。党的十八大以来，中央提出“创新是引领发展的第一动力”，“坚持创新在我国现代化建设全局中的核心地位”，把科技自立自强作为国家发展的战略支撑。今后，我国财政应该继续加大对科技创新的支持力度。整个财政经济性支出的结构也应该进行大力度调整，从鼓励物质资本投资更多地转向鼓励创新，取消对传统产业的财政补贴，更多地支持产业升级，在反向倒逼企业创新的同时又正向激励企业创新。

第四，对西部地区过高的财政投资性支出和人均财政支出，要进行进一步的效益评估，防止过度投资与重复建设，还要防止因投资而出现过高的债务负担进而带来风险与危机。应该注意的是，相当多的基建投资支出并不反映在财政账本当中，而是反映为地方城投公司的企业投资，但是由于是地方政府主导建设，且很多缺乏盈利性，因此形成了地方隐性债务问题。我们建议，基建投资项目在上马前要进行严格的成本收益测算，加强事前审计，防止过度投资与过于超前的投资。在人口聚集的城市群，教育、医疗、轨道交通等基础设施短缺问题严重，因此，这些地区要加大投资规模；而对于人口流出地区，基建需求相对较弱，要减少不必要的投资项目，避免资金浪费。

第七章　债务可持续指数

本部分介绍地方债务可持续指数。该指数由显性负债率、显性债务率、广义负债率、广义债务率、一般债利息负担率和专项债利息负担率六个分项指标构成。债务可持续指数分项指标的具体说明如表 7-1 所示。

表 7-1　债务可持续指数分项指标构成

指标名称	指标方向	权重	指标类别	定义
3. 债务可持续指数		**100%**	**方面指数**	
3a 显性负债率	负向	20%	分项指标	地方政府一般债券与专项债券余额之和/地区生产总值
3b 显性债务率	负向	20%	分项指标	地方政府一般债券与专项债券余额之和/(地方一般公共预算收入+转移支付收入+地方政府性基金收入)
3c 广义负债率	负向	20%	分项指标	(地方政府一般债券与专项债券余额之和+城投有息债务余额) /地区生产总值
3d 广义债务率	负向	20%	分项指标	(地方政府一般债券与专项债券余额之和+城投有息债务余额) / (地方一般公共预算收入+转移支付收入+地方政府性基金收入)
3e 一般债利息负担率	负向	10%	分项指标	一般债务付息支出/当年一般公共预算支出
3f 专项债利息负担率	负向	10%	分项指标	专项债务付息支出/当年政府性基金预算支出

显性负债率、显性债务率、广义负债率、广义债务率四个分项指标均为存量指标，从四个不同的维度反映地方政府债务风险。显性负债率以地方政府一般债券与专项债券余额之和为分子，地方政府的经济实力（地区生产总值）为分母计算得出，2015 年后中央允许地方政府自行发行债券，这部分债务被称为“地方政府债

务”，包括一般债券和专项债券，实际上是狭义的、显性的地方政府债务，该指标反映的是地方政府负有偿还责任的负债水平。显性债务率进一步使用地方一般公共预算收入、转移支付收入和地方政府性基金收入之和作为分母，反映了地方政府负有偿还责任的债务占地方政府财力的比重。

除显性债务外，各地方政府还会在法定政府债务限额之外直接或承诺以财政资金偿还等方式举借债务，这部分债务被称为隐性债务，在本报告中使用地方城投公司的有息债务余额来衡量，并将其加到显性负债率和显性债务率的分子中得到各地方政府的广义负债率和广义债务率。

一般债利息负担率和专项债利息负担率两个分项指标为流量指标。由于一般债的利息支出计入地方政府一般公共预算支出表中，专项债的利息支出计入地方政府性基金预算支出表中，因此一般债利息负担率使用一般债务付息支出占当年一般公共预算支出的比重衡量，专项债利息负担率使用专项债务付息支出占当年政府性基金预算支出的比重衡量。这两个指标反映了地方政府短期的还债压力。

上述六个指标均为负向指标，债务率越高，说明地方政府的债务可持续性越差，从而债务可持续指数越低。债务可持续指数最高为 100，六个分项指标的权重分别为 20%、20%、20%、20%、10%、10%。

相关原始数据来源如下：地方政府债券余额及转移支付数据来自财政部网站，地方城投公司的有息债务余额来自 Wind 数据库，地区生产总值数据来自《中国统计年鉴》，其余数据来自各省份财政决算①。

7.1　债务可持续指数的平均趋势

7.1.1　方面指数的平均趋势

图 7 - 1 展示了债务可持续指数的平均趋势。2015—2021 年，我国债务可持续指数整体呈下降趋势，从 2015 年的 69.0 下降至 2021 年的 56.6。除 2016 年债务可持续指数同前一年相比有一定的上升外，其余年份均有不同程度的下降，尤其是 2020 年和 2021 年，债务可持续指数下降均超过 3。债务可持续指数的不断下降，说明我国地方政府所面临的债务风险不断升高，债务的可持续性不断降低。

① 需要说明的是，本报告使用的是 Wind 标准的城投债数据。

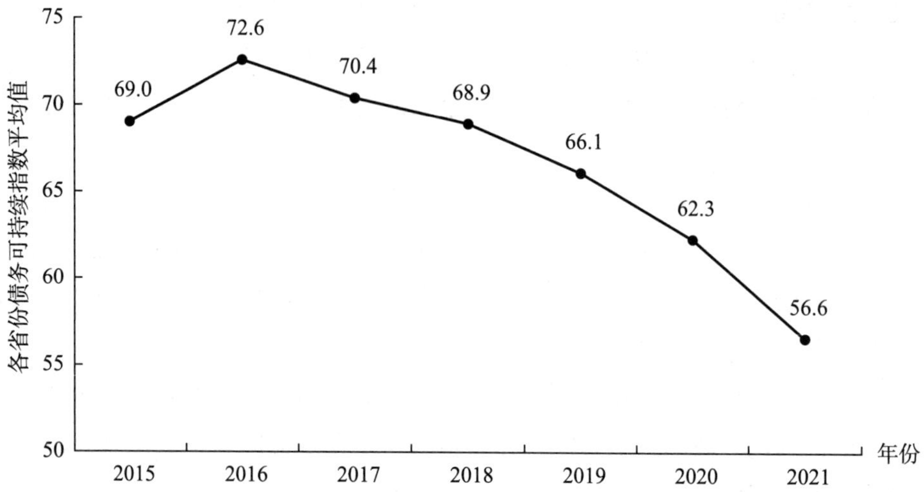

图 7-1　2015—2021 年各省份债务可持续指数平均值的变动趋势

7.1.2　分项指标的平均趋势

图 7-2 和图 7-3 是 2015—2021 年 31 个省、自治区和直辖市负债情况的平均变动趋势图。图 7-2 展示了显性负债率、显性债务率、广义负债率和广义债务率四个分项指标的时间趋势，图 7-3 展示了一般债利息负担率和专项债利息负担率两个分项指标的时间趋势。从图 7-2 可以看出，2015—2021 年间各省份显性负债率平均值总体呈上升趋势，从 31.27%增长至 33.85%，涨幅达 8.25 个百分点。2015—2021 年各省份显性债务率平均值总体呈稳步上升趋势，在 2021 年达到最高值 116.20%。各省份广义负债率平均值总体呈现出稳定增长的趋势，近四年的广义债务率平均值保持在 67%左右，在 2021 年达到最高值 76.72%。2015—2021 年间各省份广义债务率平均值总体呈上升趋势，从 222.10%增长至 272.57%，涨幅达 50.47 个百分点。无论是采用狭义还是广义的口径来衡量地方政府的负债水平，结果都显示地方政府债务率明显上升，债务可持续性日益下降。

图 7-3 是 2015—2021 年各省份债务利息负担率平均值的变动趋势图。从图中可以看出，各省份债务利息负担率平均值总体逐年上升，在政府甄别地方债务和置换隐性债务的初期增长较快（2015—2017 年）。一般债利息负担率增长始终较为平缓，并从 2018 年起增速放慢，近年来以每年约 0.2 个百分点的速度逐年增加。专项债利息负担率在 2021 年有显著提高，主要是因为 2020 年新增专项债券发行额达到 3.6 万亿元，为历年最高，同比增长 67.6%，极大地加重了 2021 年地方政府利息负担。

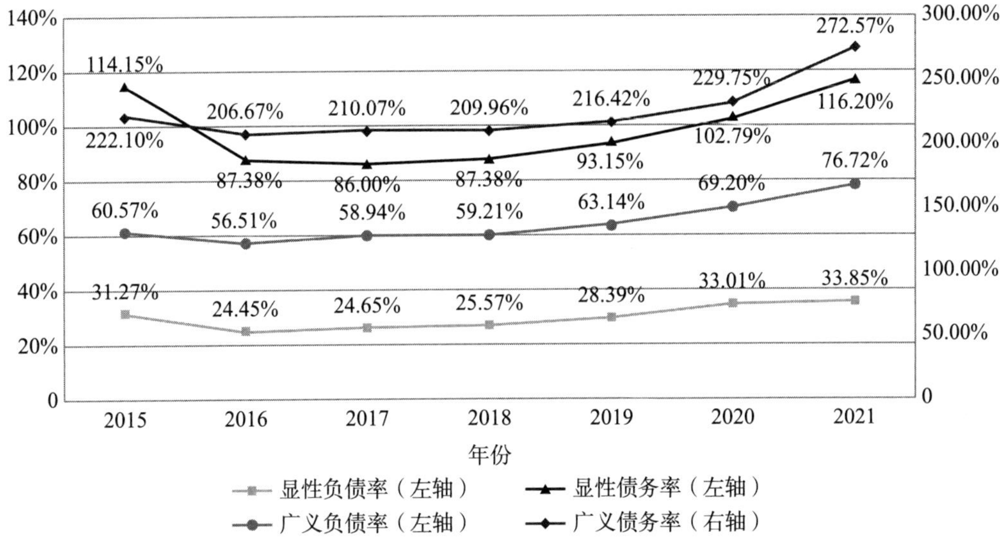

图 7-2　2015—2021 年各省份显性负债率、显性债务率、广义负债率和广义债务率平均值的变动趋势

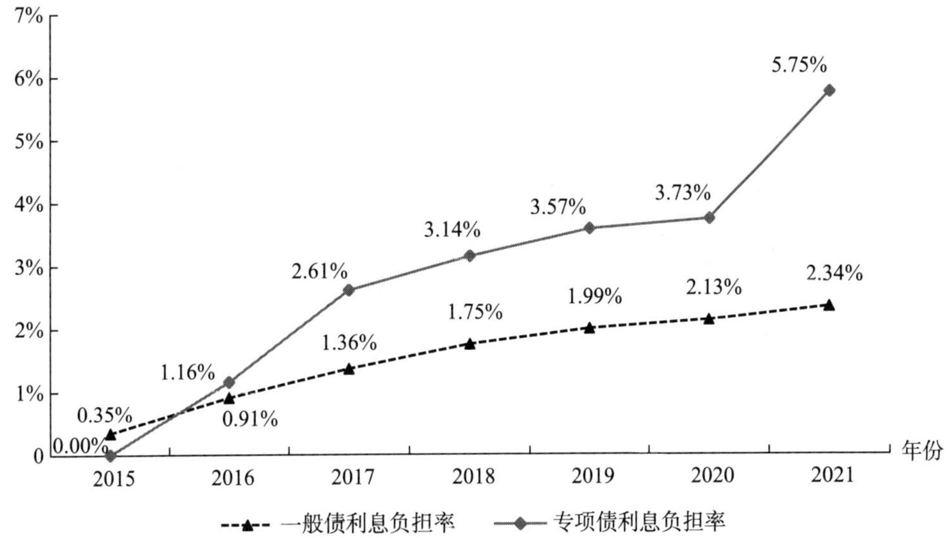

图 7-3　2015—2021 年各省份一般债利息负担率和专项债利息负担率平均值的变动趋势

7.2　债务可持续指数的省际比较

本部分主要分析我国 2020 年和 2021 年各省份的数据，从显性负债率、显性债务率、广义负债率、广义债务率、一般债利息负担率和专项债利息负担率六个分项指标出发，分析不同省份的债务可持续情况，并对比 2020 年和 2021 年各指标的变化。由于上述六个指标均为负向指标，因此各指标越高代表地方债务可持续性越差。

7.2.1 东部、中部、西部地区的对比

图7-4和图7-5是2021年我国东部、中部、西部地区债务可持续指数各分项指标的具体情况。其中，图7-4展示了2021年东部、中部、西部地区显性负债率、显性债务率、广义负债率和广义债务率四个分项指标的情况，图7-5展示了2021年东部、中部、西部地区一般债利息负担率和专项债利息负担率两个分项指标的情况。就显性负债率而言，西部地区最高，为41.74%，东部地区比中部地区

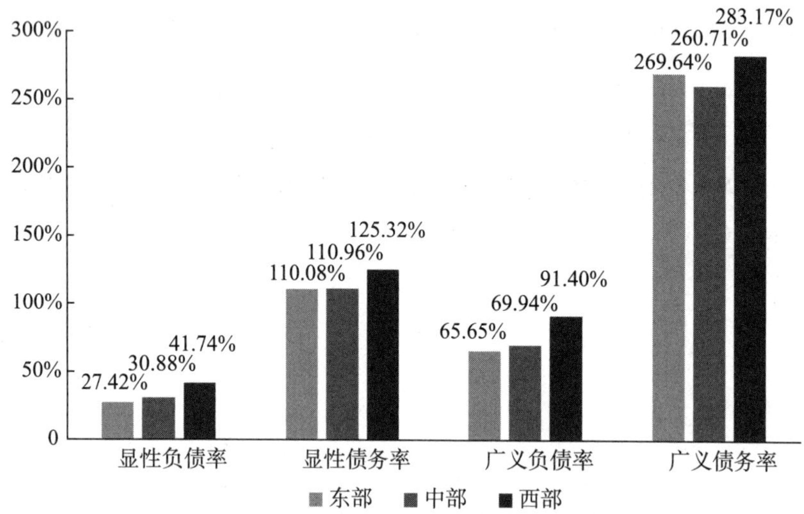

图7-4 2021年东部、中部、西部地区显性负债率、显性债务率、广义负债率和广义债务率

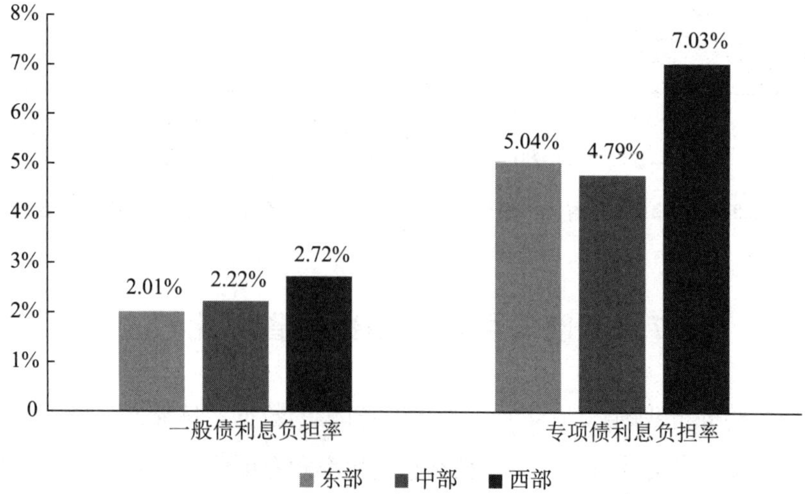

图7-5 2021年东部、中部、西部地区一般债利息负担率和专项债利息负担率

略低，二者分别为 27.42%和 30.88%；就显性债务率而言，西部地区仍然最高，为 125.32%，东部地区和中部地区差距不大，分别为 110.08%和 110.96%；就广义负债率而言，东部地区最低，为 65.65%，西部地区最高，为 91.40%；就广义债务率而言，从高到低分别为西部地区、东部地区和中部地区。就一般债利息负担率而言，西部地区最高，为 2.72%，东部地区比中部地区略低，二者分别为 2.01%和 2.22%；就专项债利息负担率而言，中部地区最低，为 4.79%，西部地区最高，为 7.03%。综合各项指标，东部地区的债务可持续性最强，而西部地区的债务可持续性最弱。

7.2.2　分项指标的省际对比

1. 显性负债率

图 7-6 展示了 2020 年和 2021 年各省份的显性负债率。2021 年各省份显性负债率平均值为 33.85%，其中青海、贵州、天津、甘肃和吉林位居前五，显性负债率均在 40%以上，分别为 83.28%、60.61%、50.22%、47.79%和 47.30%，主要是西部地区省份，这主要是由于西部地区还款能力较差，导致债务累积过多。显性负债率较低的省份有江苏、广东、上海、西藏和福建，除福建外均未超过 20%。相比 2020 年，2021 年各省份的显性负债率整体有所上升，这意味着各省份债务融资规模进一步扩大，还款压力继续提升。其中，上升幅度最大的省份为北京和天津，较 2020 年提高了 5.0 个百分点，上升幅度最小的省份为广西，较 2020 年提高了 0.2 个百分点。同时，2021 年显性负债率最高的省份为青海，最低的省份为江苏，其他省份排名变化不大。

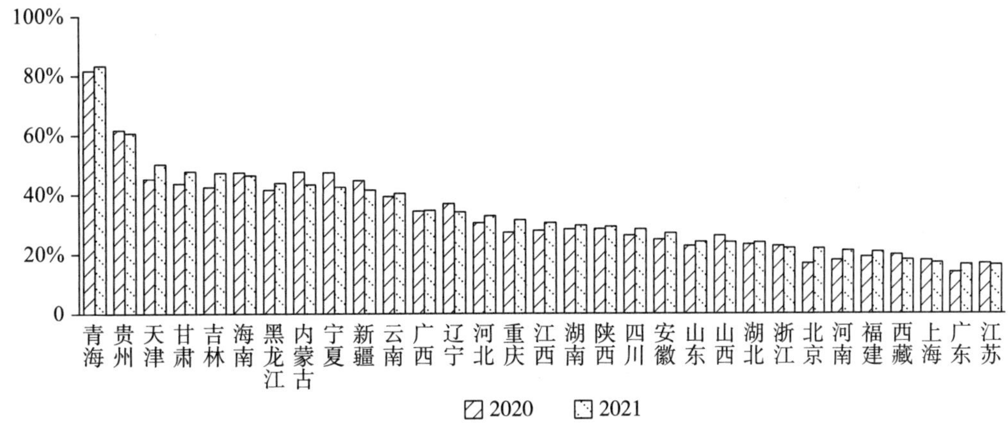

图 7-6　2020 年和 2021 年各省份显性负债率

2. 显性债务率

图7－7展示了2020年和2021年各省份的显性债务率。2021年各省份显性债务率平均值为116.20%，各省份差距十分明显，显性债务率较高的省份是内蒙古、天津、贵州、云南和重庆，分别为213.48%、205.52%、157.54%、152.86%和152.35%，表明这些地区政府债务蕴含的风险较大；显性债务率较低的省份是西藏、上海、江苏、浙江和广东，均未超过90%，显性债务风险相对较小。相比2020年，有7个省份的显性债务率有所下降，其余的省份均有一定上升。在显性债务率下降的省份中，降幅最大的为江西，其显性债务率较2020年下降了14.2个百分点，降幅最小的为辽宁，下降了0.9个百分点；在显性债务率上升的省份中，上升幅度最大的为内蒙古，其显性债务率较2020年上升了86.0个百分点，上升幅度最小的为湖北，上升了1.4个百分点。同时，2021年显性债务率最高的是内蒙古，最低的是西藏。

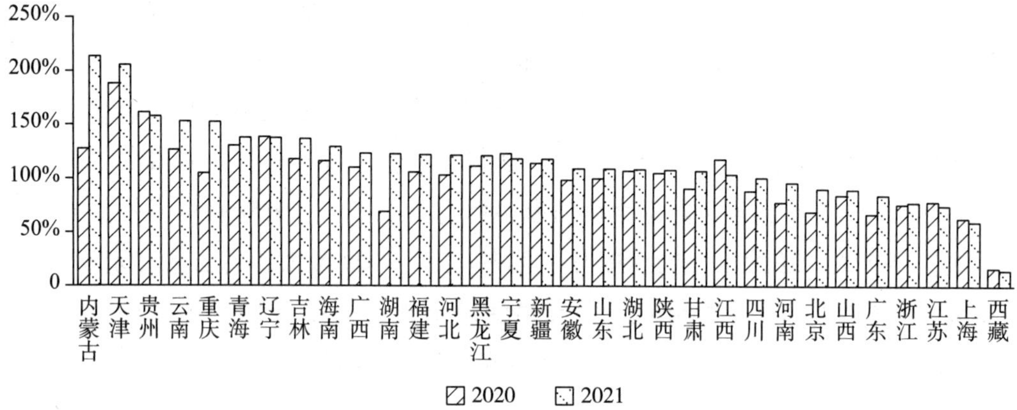

图7－7　2020年和2021年各省份显性债务率

3. 广义负债率

图7－8展示了2020年和2021年各省份的广义负债率。2021年各省份广义负债率平均值为76.72%，天津、贵州、甘肃、四川和浙江位居前五，其广义负债率分别为149.72%、147.44%、132.32%、121.61%和110.12%。广义负债率较低的省份有广东、山西、上海、辽宁和北京，除北京外均未超过40%。相比2020年，有10个省份的广义负债率有所下降，其余省份均有一定提升。在广义负债率下降的省份中，降幅最大的为北京，其广义负债率较2020年下降了89.4个百分点，降幅最小的为山西，下降了21.6个百分点；在广义负债率上升的省份中，上升幅度最大的为天津，其广义负债率较2020年上升了98.5个百分点，上升幅度最小的为江苏，上

升了 6.7 个百分点。同时，2021 年广义负债率最高的是天津，最低的是广东。

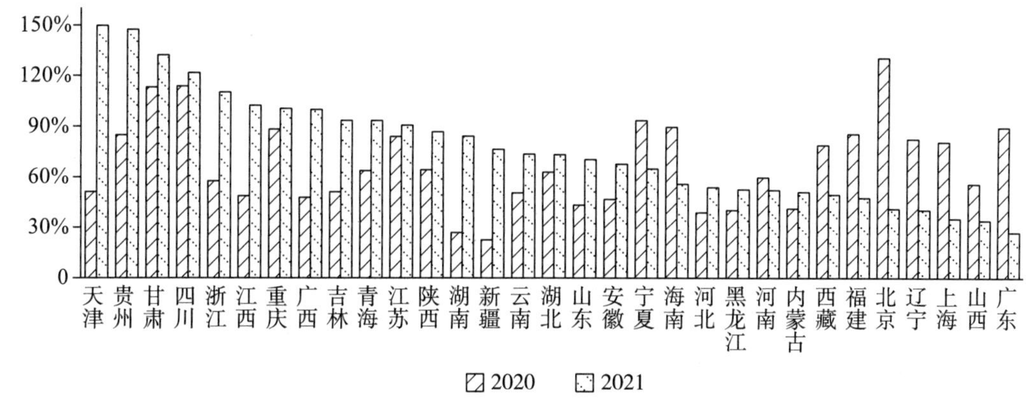

图 7－8　2020 年和 2021 年各省份广义负债率

4. 广义债务率

图 7－9 展示了 2020 年和 2021 年各省份的广义债务率。2021 年各省份广义债务率平均值为 272.57%，其中天津、重庆、四川、江苏和浙江位居前五，其广义债务率均在 300% 以上，分别为 612.72%、487.63%、432.15%、413.05% 和 388.02%。广义债务率较低的省份有西藏、上海、山西、广东和黑龙江，均未超过 200%。相比 2020 年，2021 年各省份的广义债务率整体有所上升，这意味着各省份整体债务融资规模占政府财力的比重进一步加大。其中，上升幅度最大的省份为湖南，其广义债务率较 2020 年提高了 195.8 个百分点，上升幅度最小的省份为山西，其广义负债率较 2020 年提高了 1.9 个百分点。同时，2021 年广义债务率最高的省份为天津，最低的省份为西藏。

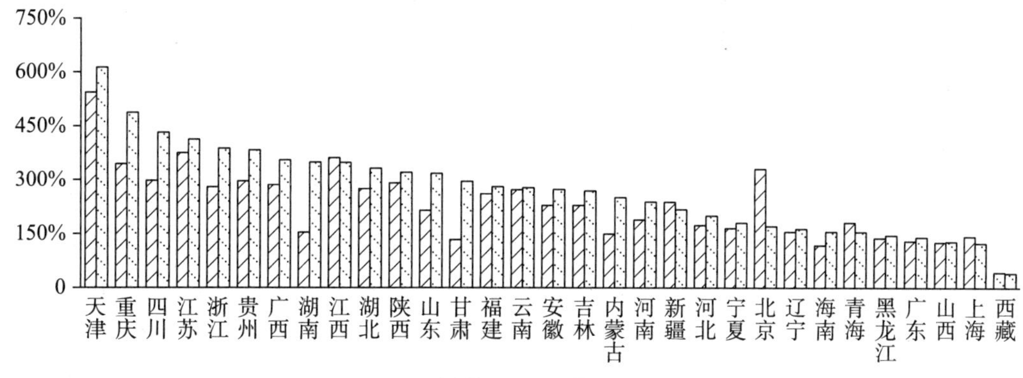

图 7－9　2020 年和 2021 年各省份广义债务率

5. 一般债利息负担率

图 7－10 展示了 2020 年和 2021 年各省份的一般债利息负担率。2021 年各省份一般债利息负担率平均值为 2.34%，一般债利息负担率较高的省份是内蒙古、贵州、辽宁、青海和宁夏，分别为 5.13%、4.03%、3.98%、3.70%和 3.44%，表明这些地区政府短期还债压力较大；一般债利息负担率较低的省份是西藏、北京、广东、上海和江苏，均未超过 2%，一般债还债压力相对较小。相比 2020 年，有 4 个省份的一般债利息负担率有所下降，其余的省份均有一定上升。在一般债利息负担率下降的省份中，降幅最大的为山东和江苏，一般债利息负担率较 2020 年下降了 0.03 个百分点，降幅最小的为浙江，下降了 0.01 个百分点；在一般债利息负担率上升的省份中，升幅最大的为内蒙古，一般债利息负担率较 2020 年上升了 1.9 个百分点，升幅最小的为陕西，增加了 0.01 个百分点。同时，2021 年一般债利息负担率最高的是内蒙古，最低的是西藏。

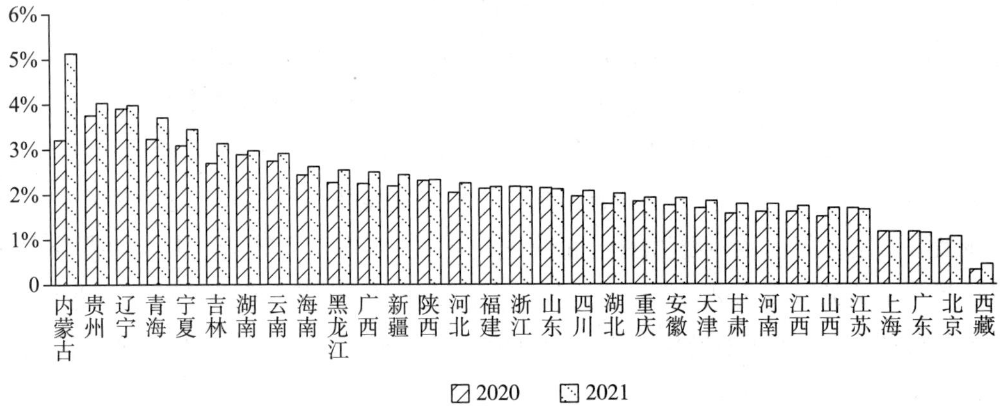

图 7－10　2020 年和 2021 年各省份一般债利息负担率

6. 专项债利息负担率

图 7－11 展示了 2020 年和 2021 年各省份的专项债利息负担率。2021 年各省份专项债利息负担率平均值为 5.75%，宁夏、天津、内蒙古、辽宁和青海位居前五，专项债利息负担率分别为 16.42%、9.97%、8.90%、8.26%和 7.67%。专项债利息负担率较低的省份有浙江、江苏、上海、山东和广东，均未超过 4%。由于 2020 年新增专项债券发行额高达 3.6 万亿元，同比增长 67.6%，因此 2021 年专项债利息负担率相比 2020 年有爆发式上升，该现象在部分省份体现得尤为明显，其中升幅最大的为宁夏，专项债利息负担率较 2020 年上升了 8.7 个百分点，升幅最小的为陕西，上升了 0.01 个百分点。同时，2021 年专项债利息负担率最高的是宁夏，

最低的是浙江。宁夏的专项债利息负担率超过了国务院《地方政府性债务风险处置预案》所规定的10%的警戒线，并且高达16.42%，这表明宁夏部分市县政府可能面临潜在的财政整顿风险。天津、内蒙古和辽宁的专项债利息负担率也快速逼近10%的警戒线，未来专项债扩张的空间极为有限。相比之下，浙江、江苏、上海、山东等省份的专项债利息负担较轻，专项债在未来仍有一定扩张空间。

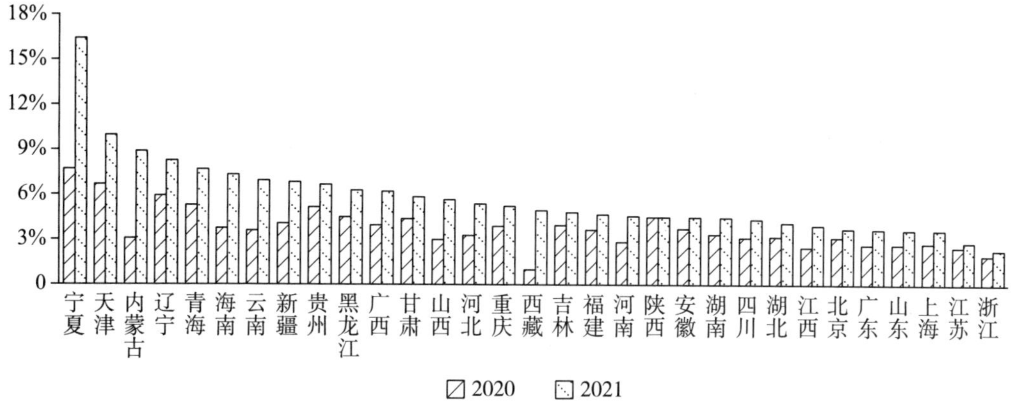

图7-11　2020年和2021年各省份专项债利息负担率

7.2.3　各省份债务可持续指数的排名

综合上述六个分项指标，本报告计算得到2021年各省份的债务可持续指数，数值越大，说明债务可持续性越强，结果如图7-12所示。2021年各省份的债务可持续指数呈现出较大的地区差异，东部地区、中部地区的债务可持续指数均远高于西部地区，债务可持续指数最大的省份是西藏，为86.3，其次为上海、广东、北京和山西，都在70以上。债务可持续指数最小的省份是天津，不足25，其次是贵州、青海、内蒙古和重庆，均未超过50。

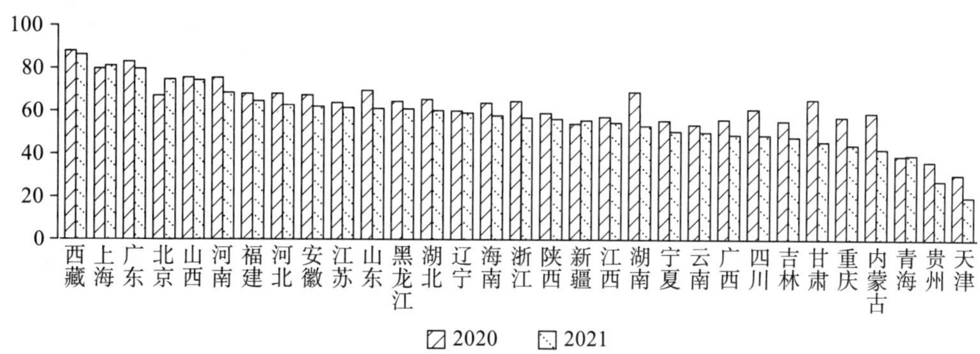

图7-12　2020年和2021年各省份债务可持续指数

对比2020年和2021年各省份债务可持续指数的排名情况（见表7-2）可以发现，2021年各省份的债务可持续指数整体低于2020年。具体来看，就2020年排在前十名的城市而言，2021年除山东和湖南掉出前十名外，其余省份仍位列前十，只是名次略有调整，说明这些地方政府的债务可持续性一直较强；重庆、广西、吉林、云南、青海、贵州和天津债务可持续指数在2020年和2021年均位于后十位，债务可持续性一直较差。江西、宁夏和新疆2021年摆脱了后十名，债务可持续性有所增强。

表7-2　2020年和2021年各省份债务可持续指数和排名

排名	2020年		2021年	
	省份	指数	省份	指数
1	西藏	88.1	西藏	86.3
2	广东	83.0	上海	81.1
3	上海	79.8	广东	79.6
4	山西	75.5	北京	74.7
5	河南	75.4	山西	74.3
6	山东	69.5	河南	68.5
7	湖南	68.9	福建	64.6
8	福建	68.0	河北	62.7
9	河北	68.0	安徽	62.0
10	安徽	67.3	江苏	61.4
11	北京	67.1	山东	61.0
12	甘肃	65.4	黑龙江	60.8
13	湖北	65.4	湖北	60.1
14	浙江	64.6	辽宁	59.0
15	黑龙江	64.4	海南	57.8
16	江苏	63.8	浙江	56.8
17	海南	63.8	陕西	56.2
18	四川	60.9	新疆	55.6
19	辽宁	59.9	江西	54.5
20	内蒙古	59.3	湖南	53.0
21	陕西	58.9	宁夏	50.4
22	重庆	57.2	云南	50.0
23	江西	57.1	广西	48.9

续表

排名	2020 年		2021 年	
	省份	指数	省份	指数
24	广西	56.0	四川	48.7
25	宁夏	55.4	吉林	47.8
26	吉林	55.3	甘肃	45.7
27	新疆	54.0	重庆	44.2
28	云南	53.5	内蒙古	42.3
29	青海	39.2	青海	39.5
30	贵州	36.4	贵州	27.6
31	天津	30.5	天津	20.0

7.3　债务可持续指数小结

7.3.1　小结

近年来地方政府的债务规模仍在不断扩大，表现为显性负债率、显性债务率、广义负债率、广义债务率、一般债利息负担率和专项债利息负担率全面攀升。债务规模的扩大蕴含着极大的财政金融风险。横向比较来看，我国地方政府的负债水平呈现出较大的地区差异，西部地区的债务率明显高于中部地区和东部地区，债务的可持续性较弱。

7.3.2　完善地方债管理的政策建议

本报告认为，进一步完善地方债管理需要重点加强以下几个方面：

第一，规范地方债务管理。首先，要建立地方政府债务信息披露机制，建设更全面、有效、及时的政府会计制度和政府财务报告制度，提高地方政府债务信息透明度，如实反映地方债务规模、债务资金来源及流向等内容，保证披露信息的真实性。其次，要加强债务资金使用绩效考核，构建债务资金使用绩效指标考核体系，推动实施债务资金使用绩效评价制度，压实债务资金使用监管主体责任。最后，要建立地方政府债务预警系统，加强地方政府债务风险的监督和管理，建立必要的制度体系和预警机制，对各级政府债务实行严格的监督和控制，以防范和化解各种地方政府债务风险。

第二，加强债务限额管理，制定科学合理的地方政府债务限额。一方面，通过规范限额管理整体把握政府债务的规模，避免地方政府无序发债，从而更好地引导地方政府对债务风险有更清晰的认识；另一方面，通过加强债务限额管理促使地方政府选择真正能够推动地区经济发展、有效促进民生的优质项目，防止低水平的重复投资，最大化资金的使用效率。

第三，避免“一刀切”的债务管理政策。从最终计算得到的债务可持续指数看，各省份间债务负担差异较大，因此，政府债务管理应该因地施策，避免“一刀切”现象的出现。对于地方经济发展水平较差、政府财力较弱的地区，应该出台更加严格的债务管理措施，从根源上抑制地方政府不规范的举债行为，让地方债发行与管理规范透明有序。同时，要改革地方政府投融资体制，规范地方政府融资平台管理，剥离地方政府融资平台的政府融资功能，稳步推动融资平台改革转型，促进其平稳有序退出地方债体系。

第八章　社保基金可持续指数

社保基金可持续指数从流量和存量角度反映各省份社保基金的可持续能力，衡量各省份社保基金收入是否能满足社会保障需求。社保基金可持续指数由养老保险抚养比、养老保险基金盈余率、养老保险基金人均累计结余和医疗保险基金盈余率四个分项指标构成，四个分项指标的权重均为25%。具体如表8-1所示。

表8-1　社保基金可持续指数分项指标构成

指标名称	指标方向	权重	指标类别	定义
4. 社保基金可持续指数		**100%**	**方面指数**	
4a 养老保险抚养比	负向	25%	分项指标	城镇职工基本养老保险参保人当中的退休人数/在职职工人数
4b 养老保险基金盈余率	正向	25%	分项指标	（城镇职工基本养老保险基金当年收入一当年支出）/当年收入
4c 养老保险基金人均累计结余	正向	25%	分项指标	城镇职工基本养老保险基金累计结余/参保人数
4d 医疗保险基金盈余率	正向	25%	分项指标	（城镇职工基本医疗保险基金当年收入一当年支出）/当年收入

以上指标的原始数据均来自历年《中国统计年鉴》。

8.1　社保基金可持续指数的平均趋势

8.1.1　方面指数的平均趋势

社会保障制度作为保障和改善民生、增进人民福祉的基本保障制度，对社会经济发展起到至关重要的促进作用。社会保险是多层次社会保障体系的核心，社保基金的运行情况直接关系到劳动者保障水平。图 8－1 展示了 2008—2021 年全国社保基金可持续指数的变动情况。随着中国人口老龄化程度逐步加深，社保基金可持续指数整体呈现明显的下降趋势。具体而言，退休人口的绝对数量和相对数量均逐年增加，在职员工相对数量减少，社会保险养老支出压力不断加大，基金收入增速低于支出增速。考虑到中国人口老龄化程度仍有深化空间，社保基金中长期支出压力不容小觑。

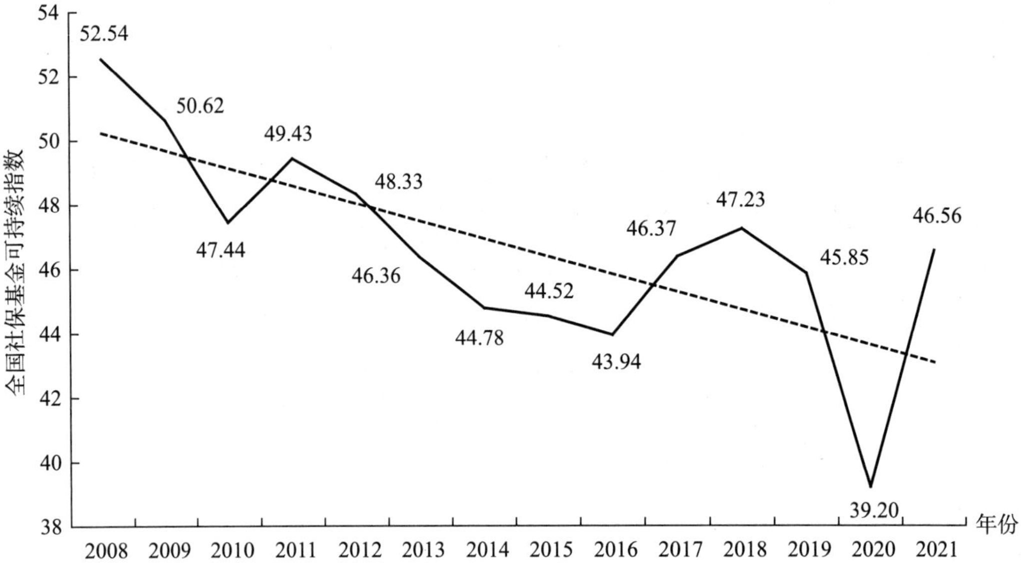

图 8－1　2008—2021 年全国社保基金可持续指数的变动情况

短期来看，随着 2020 年阶段性社会保险优惠政策的退出，全国社保基金可持续情况大幅好转，2021 年全国社保基金可持续指数升至 46.56，与四年前基本持平。自 2017 年起，随着财政补助资金增加，社保基金可持续情况有向好态势。然而财政补助资金规模有限，剔除 2020 年疫情冲击下社保基金优惠政策的影响，近年来社保基金可持续指数上升乏力，未来仍需多套政策配合实施以提高社保基金可持续能力。

8.1.2　分项指标的平均趋势

图 8－2、图 8－3 和图 8－4 分别给出了 2008—2021 年全国养老保险抚养比、养老保险基金盈余率、医疗保险基金盈余率和养老保险基金人均累计结余四个分项指标的变动情况。

养老保险抚养比衡量了城镇职工基本养老保险参保人中退休人员的相对比例。该指标为负向指标，养老保险抚养比越大，说明城镇职工基本养老保险的偿付压力越大。2021年养老保险抚养比较上一年有下降趋势，从2020年的42.5%降至41.1%。城镇职工基本养老保险偿付压力连续三年有所下降，但养老保险抚养比依旧较高，养老保险中长期支出压力依旧较大，人口老龄化压力对社保基金可持续性提出的挑战依然严峻。

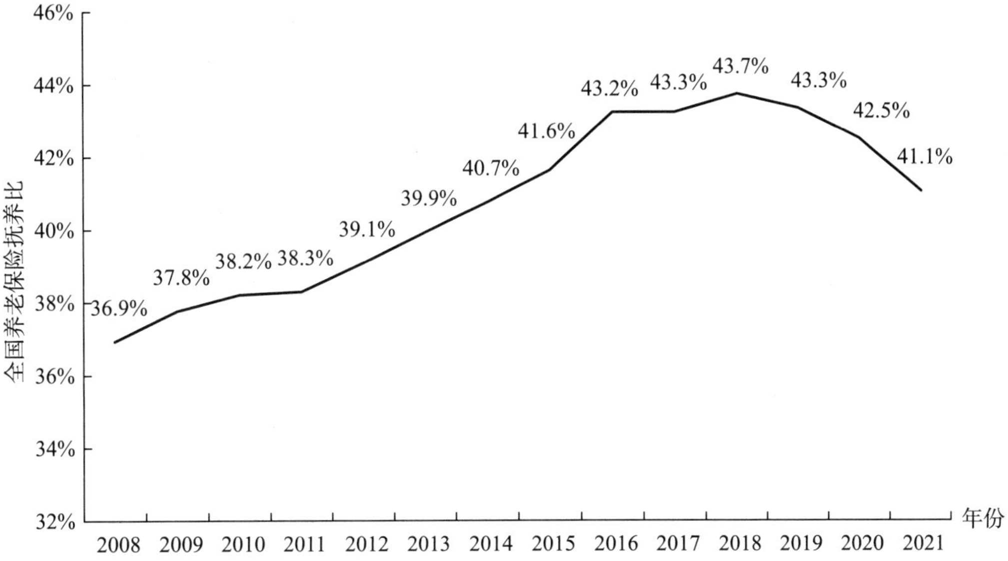

图8-2　2008—2021年全国养老保险抚养比变动情况

随着阶段性社保缴费优惠政策的退出，2021年城镇职工基本养老保险基金收入较上年显著增长，养老保险基金盈余率经2020年断崖式下跌后回弹至4.0%（如图8-3所示），但长期而言，养老保险基金盈余率下降趋势并未扭转。从存量角度来看，城镇职工基本养老保险基金人均累计结余仅有小幅回升（如图8-4所示），增速相比2015年以前仍较为缓慢。由此可见，城镇职工基本养老保险基金在实现基本养老保险全国统筹、促进地区间分配公平的同时，仍需投入增量资本加以充实，以应对人口老龄化带来的资金短缺的挑战。

2021年城镇职工基本医疗保险盈余情况进一步改善，医疗保险基金盈余率由2020年的19.8%提升至24.1%。中央对地方下拨疫情防控补助资金，有效缓解了地方医疗保险基金的偿付压力。与城镇职工基本养老保险相比，医疗保险受到的疫情冲击较小，居民医疗保障水平进一步巩固。

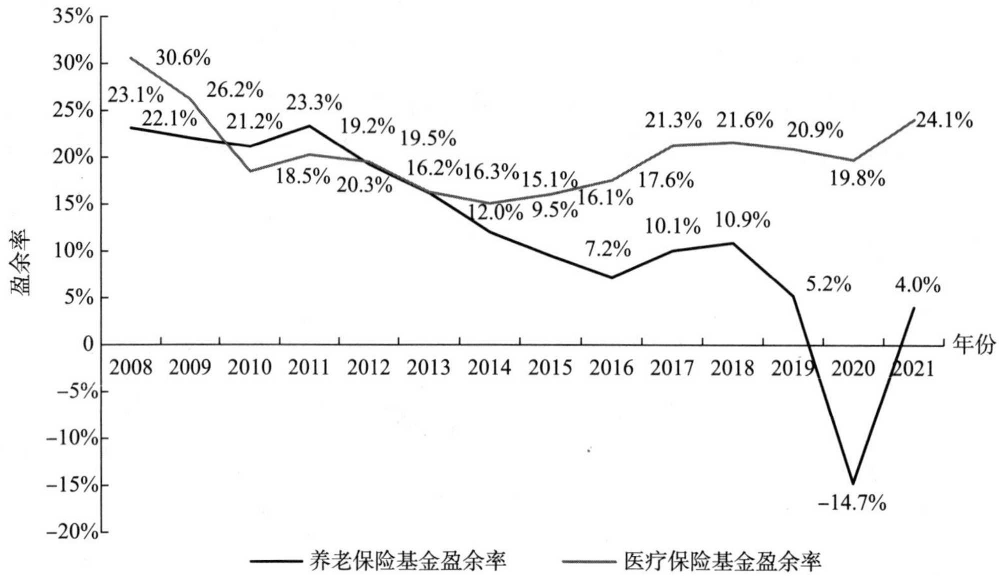

图 8-3　2008—2021 年全国养老保险基金盈余率和医疗保险基金盈余率的变动情况

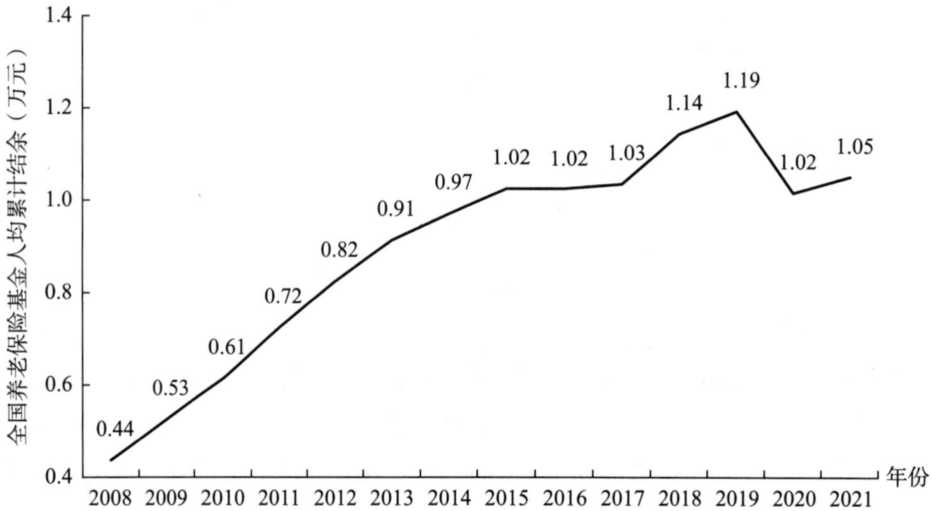

图 8-4　2008—2021 年全国养老保险基金人均累计结余的变动情况

8.2　社保基金可持续指数的省际比较

本部分分析我国 2021 年各省份截面数据，从养老保险抚养比、养老保险基金盈余率、养老保险基金人均累计结余和医疗保险基金盈余率四个分项指标出发，比较不同省份的情况。

8.2.1　东部、中部、西部地区的对比

通过对东部、中部、西部地区 2021 年社保基金可持续指数各分项指标情况的比较（如图 8－5 所示），我们发现 2021 年东部地区社保基金可持续性明显增强，中部地区各分项指标均为最低。具体而言，东部地区养老保险可持续性增强，养老保险抚养比和养老保险基金盈余率均比中部和西部地区高，养老保险基金人均累计结余与西部地区持平。中部地区外地务工人员较多，养老保险抚养比最低，需进一步加快全国统筹以缓解其养老保险基金长期偿付压力，提升地区间保障水平的均衡性。就医疗保险基金盈余率而言，中部地区较低，东部和西部地区医疗保险可持续水平基本持平。值得注意的是，基金盈余率的计算已经将公共财政补助资金计入。若将公共财政补助资金剔除，则由于中部地区是对公共财政补助较为依赖的地区，因此其基金盈余可持续情况更不乐观。

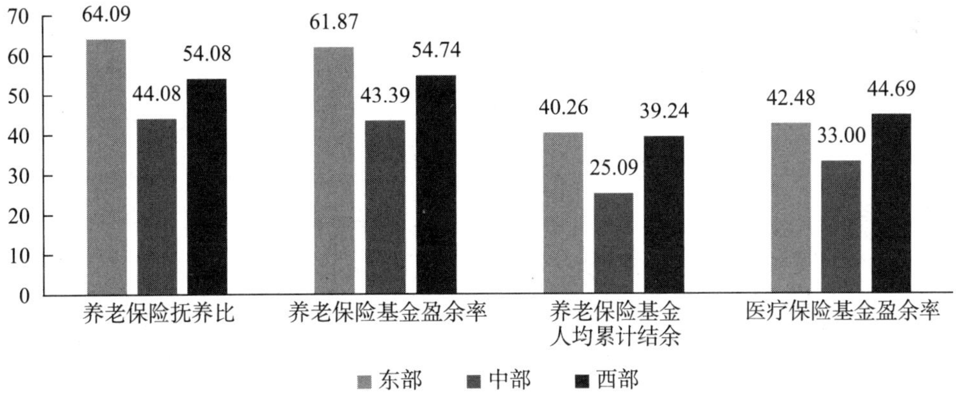

图 8－5　2021 年东部、中部、西部地区社保基金可持续指数分项指标

8.2.2　分项指标的省际对比

1. 养老保险抚养比

图 8－6 展示了 2020 年和 2021 年各省份的养老保险抚养比，即各省份养老保险参保人当中的退休人数与在职职工人数之比。该比值越小，说明养老保险可持续性越强。

由该图可知，中国养老保险偿付压力地区间差异较大。2021 年，广东养老保险抚养比最低，仅为 17%；黑龙江养老保险抚养比高达 79%，这意味着黑龙江每十名在职职工就需要供养近八名退休人员，养老保险的供养压力较大。与 2020 年比较，除辽宁、宁夏、广东三省养老保险抚养比小幅提高，其余省份养老保险抚养比均呈下降态势，参保基数增加，养老保险基金长期偿付能力有所改善。

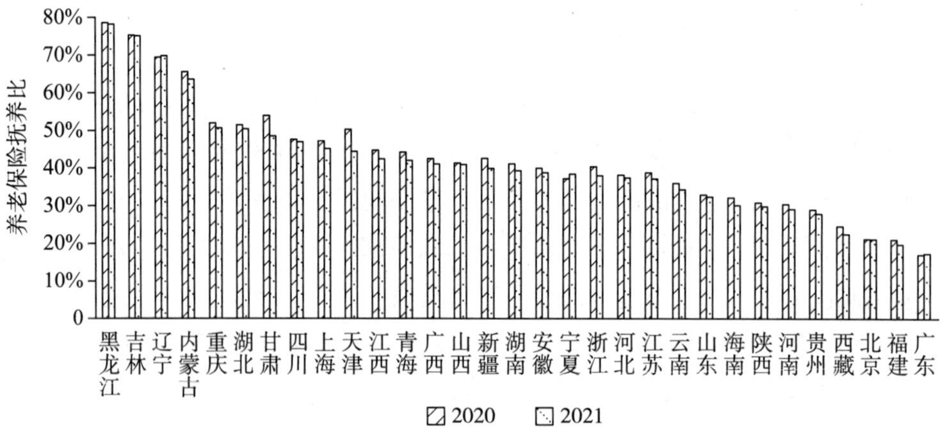

图8-6　2020年和2021年各省份养老保险抚养比

2. 养老保险基金盈余率

城镇职工基本养老保险基金盈余率的统计数据显示（如图8-7所示），随着养老保险缴费阶段性优惠政策的退出，2021年全国基本养老保险基金收入大幅增加。其中，北京、上海、广东等服务业和劳动密集型制造业占比较大地区的养老保险基金盈余率改善显著。广东养老保险基金盈余率由14.1%提升至43.0%，北京养老保险基金盈余率由9.6%提升至36.5%，上海养老保险基金盈余率由－46.4%提升至4.7%。2020年受疫情冲击，部分地区养老保险基金盈余率降幅较大，上海和浙江两地区基金盈余率低于－40%。受老龄化问题困扰，2021年东北三省（黑龙江、吉林和辽宁）养老保险基金盈余率依旧排位靠后。其中，黑龙江养老保险收不抵支的情况最为严重，全年城镇职工基本养老保险基金收入1 824.5亿元，支出2 456.8亿元，缺口高达632.3亿元，养老保险基金盈余率为－34.7%。

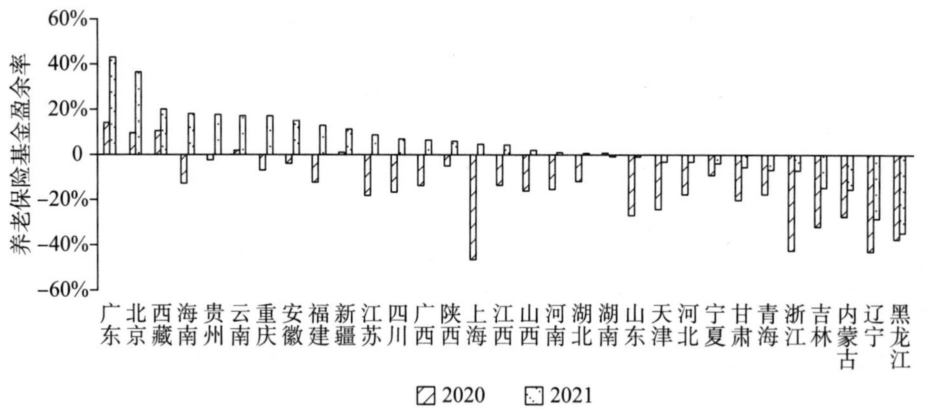

图8-7　2020年和2021年各省份养老保险基金盈余率

3. 养老保险基金人均累计结余

图 8－8 展示了 2020 年和 2021 年各省份养老保险基金人均累计结余，这是一个存量指标，反映了养老保险基金的发放水平和保障能力。2021 年，总体来看，这一指标地区间差异明显，东北三省和青海、河北、河南、山东、天津城镇职工基本养老保险基金人均累计结余不超过 0.5 万元，其中，黑龙江人均累计结余为负数；广东、北京和西藏人均累计结余超过 2.5 万元，是东北三省平均人均累计结余的十倍之多。从时间趋势来看，地区间养老保险基金人均累计结余差距进一步扩大。人均累计结余排名靠前的省份 2021 年度结余增幅更大，而人均累计结余排名靠后的省份结余情况进一步恶化。因此，养老保险全国统筹应加快实施，进一步加强调度，提升全国各省份基金之间的均衡水平，从而提高养老基金的抗风险能力。

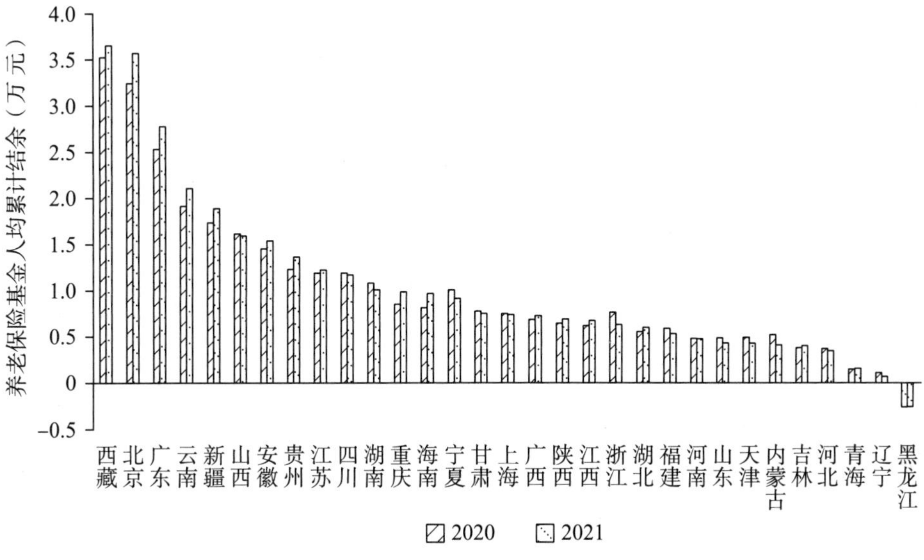

图 8－8　2020 年和 2021 年各省份养老保险基金人均累计结余

4. 医疗保险基金盈余率

如图 8－9 所示，2021 年全国各省份城镇职工基本医疗保险基金盈余率均为正，除陕西、黑龙江、江西、湖北和云南五省外，其他省份城镇职工基本医疗保险基金盈余情况均有正向改善。医疗保险基金盈余情况省份间差距进一步扩大，2021 年西藏医疗保险基金盈余率高达 59.59%，而山东医疗保险基金盈余率仅为 8.63%。城镇职工基本医疗保险可借鉴养老保险全国统筹经验，逐步实现各省份城镇职工基本医疗保险全国统筹。

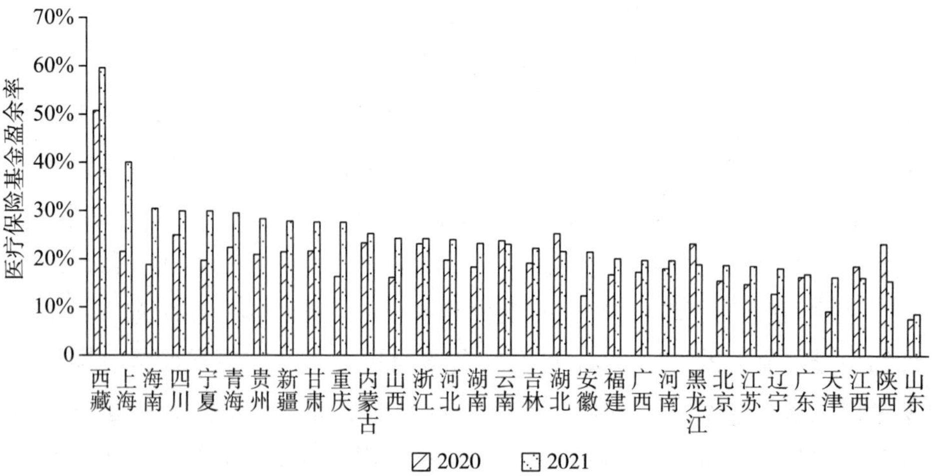

图8-9　2020年和2021年各省份医疗保险基金盈余率

8.2.3　各省份社保基金可持续指数的排名

表8-2给出了2020年和2021年各省份社保基金可持续指数的排名情况。2021年各省份之间社保基金可持续性的差距进一步扩大，西藏社保基金可持续指数为88.26，而黑龙江社保基金可持续指数仅为12.49。社保基金可持续能力主要受到经济增速放缓和人口老龄化制约。

与2020年相比，2021年绝大部分省份社保基金可持续能力有所提升，但程度不一。有10个省份指数排名上升，14个省份指数排名下降。排名下降最为明显的是陕西，由第7名下降至第16名，社保基金可持续性下降主要受城镇职工基本医疗保险基金盈余缩减的影响。河南、湖南、湖北社保基金可持续能力下降也较为突出，排名下降了4～8名不等。

社保基金可持续能力最高和最低的五个省份十分稳定，西藏、北京、广东、云南和贵州稳定在前五名，天津、内蒙古和东北三省排名则一直较靠后。东北地区经济发展较为低迷，年轻劳动力流出现象十分普遍，加之国有企业退休、下岗职工较多，养老保险支出压力倍增，社保基金缺口需要公共财政的大幅度补贴，进一步加大了公共服务供给压力。而以广东为代表的东部沿海省份社保基金可持续指数排名维持靠前，主要原因是地区经济发展水平较高吸引了大批外来人口流入，社保缴费收入基数较大，收大于支，盈余较多。但这些省份也因受疫情冲击，劳动密集型产业生产率有所降低，疫情期间人口流动速度受到限制，复工复产压力较大，内陆省份的外来务工人数减少，社保收入增速缓慢。2020年我国已消除绝对贫困，社保基金统筹仍需发力，以进一步推动社保基金区域性协调，巩固脱贫攻坚取得的全面胜利。

表 8-2　2020 年和 2021 年各省份社保基金可持续指数和排名

排名	2020 年		2021 年	
	省份	指标	省份	指标
1	西藏	81.08	西藏	88.26
2	北京	65.22	北京	75.65
3	广东	63.95	广东	73.16
4	云南	53.23	贵州	58.70
5	贵州	49.26	云南	58.53
6	新疆	48.81	海南	56.47
7	陕西	45.30	新疆	55.21
8	福建	43.77	安徽	52.55
9	湖南	43.50	福建	51.89
10	安徽	42.38	山西	49.38
11	海南	41.88	上海	49.33
12	宁夏	41.55	四川	49.28
13	山西	40.92	重庆	48.41
14	河南	39.42	江苏	47.54
15	江苏	39.14	宁夏	46.83
16	四川	39.13	陕西	45.37
17	广西	36.35	湖南	45.29
18	河北	36.06	河南	44.79
19	湖北	36.04	广西	43.87
20	江西	35.74	浙江	42.48
21	重庆	34.70	河北	41.61
22	甘肃	33.81	江西	40.53
23	青海	33.64	甘肃	40.19
24	浙江	33.02	青海	40.08
25	山东	30.98	山东	38.19
26	上海	27.93	湖北	38.19
27	天津	27.20	天津	36.06
28	内蒙古	25.87	内蒙古	29.68

续表

排名	2020年		2021年	
	省份	指标	省份	指标
29	吉林	18.49	吉林	24.38
30	黑龙江	13.64	辽宁	18.85
31	辽宁	13.29	黑龙江	12.49

8.3 社保基金可持续指数小结

8.3.1 当前社保基金运行存在的问题与挑战

当前我国社保基金运行存在如下突出问题与挑战：

第一，人口老龄化是社保基金面临的深层次压力。我国老年人口规模庞大，保险金领取年限长，支付标准具有刚性，难以实现节流，支付压力不断加大。2021年，城镇职工养老保险基金产生0.4万亿元收支盈余，收入中包含财政对企业职工养老保险的补助1.61万亿元。如果扣除财政补助，则养老保险基金缴费收入与支出在全国加总层面上的缺口为1.21万亿元。近年来社保收支压力、养老保险抚养比等都不断攀升。未来随着人口老龄化程度的进一步加深，社保收支压力必定与日俱增。

第二，社会保险地方统筹制度下，地区间社会保障能力和偿付水平差异较大，实际缴费率不一，不利于社会公平。由于各地区在人口年龄结构、净人口流动方面的差异，不同地区间的养老保险负担也轻重不一。以东北三省为代表的人口流出地社保基金收入规模小，保障水平较低，而实际缴费率却较高。各地养老保障水平不均，扭曲了要素在地区间的配置，不利于发挥市场在资源配置中的决定性作用。同时，社保基金需要地方公共财政大量补贴，导致地方政府提供公共服务的资金受限，进一步扩大了地区间公共服务均等化差距。在逐步推进的社保基金全国统筹工作中，社保基金滚存结余全国统筹仍受阻碍。《关于阶段性减免企业社会保险费的通知》决定2020年将企业职工基本养老保险基金中央调剂比例提高至4%，但目前调剂规模还较小，调剂力度还远远不够弥补高老龄化省份的资金缺口。

8.3.2 关于提升社保基金可持续性的建议

我们关于提升社保基金可持续性的建议包括如下几个方面：

1. 加快实现全国统筹

2018 年 7 月起，国务院开始建立养老保险基金中央调剂制度。在现行企业职工基本养老保险省级统筹的基础上，建立中央调剂基金，对各省份养老保险基金进行适度调剂。中央调剂制度的建立有利于促进地区间公共服务均等化，进而促进地区间经济的均衡发展。

社保基金滚存结余全国统筹工作中需兼顾地方利益，寻找中央与地方间的利益平衡点，减少政策执行阻碍。可先对社保基金增量进行调整，在保护地方既得利益的同时，保证社保基金全国统筹改革的顺利进行，充分调动中央与地方两个积极性，促进社保基金长期可持续发展。

与此同时，中央调剂制度是一种过渡手段，过渡期不应该太长，以免产生养老保险金富足省份的征收惰懈问题。应当优化制度设计，把握改革节奏，在保护地方税务机关征收激励的同时，尽快实现社会保险的全国统筹。

2. 加快建立多层次的养老保障体系

我国养老金的积累过于依赖第一支柱，第二、第三支柱发展相对较慢。以企业年金为例，当前建立企业年金的企业数量、参加职工人数较小，覆盖面较窄，且主要集中在能源、金融等垄断型、资源型或者盈利较好的行业，缺少合适的激励政策支持其增量发展。需要不断扩大第二支柱职业养老金的覆盖面，大力发展第三支柱个人储蓄养老计划，不断推进养老金三支柱体系的全面发展。

拓宽养老保险基金来源，加快建立多层次的养老保障体系。合理区分政府、企业和个人的养老责任，在基本养老保险“保基础”之外，促进企业年金、商业性养老保险和个人储蓄养老保险的发展，提升基金的可持续性，更好地应对人口老龄化带来的老年人经济保障问题。

3. 完善国企分红政策，处理好财政贡献与保值增值间的关系

2017 年发布的《划转部分国有资本充实社保基金实施方案》提出：将中央和地方国有及国有控股大中型企业、金融机构均纳入划转范围；划转比例统一为企业国有股权的 10%；全国社保基金及其他承接主体，主要作为财务投资者获取对应的股权分红。2021 年共划转 93 家中央企业和中央金融机构国有资本总额 1.68 万亿元，占社保基金总收入的 28.2%。然而，目前我国社保收支缺口依旧存在，长期偿付压力依旧较大。下一步，需要引入更多资本，提高社保资金的投资运营能力，缓解社保基金偿付压力，建立更加长期稳定的利益分配机制。

第九章　预算管理规范指数

本部分介绍预算管理规范指数。该指数是通过财政支出预决算偏离度、审计违规金额占比、财政透明度共三个分项指标来反映包括总额控制、管理效率和公开程度在内的公共预算管理情况。其具体定义及权重见表9－1。

表9－1　预算管理规范指数分项指标构成

指标名称	指标方向	权重	指标类别	定义
5. 预算管理规范指数		**100%**	**方面指数**	
5a财政支出预决算偏离度	负向	33.3%	分项指标	（一般公共预算支出决算数－预算数）/预算数
5b审计违规金额占比	负向	33.3%	分项指标	审计违规金额/一般公共预算支出决算数
5c财政透明度	正向	33.3%	分项指标	各省份财政信息公开程度

预算管理规范指数的三个分项指标从三个不同的方面反映了地方的预算管理能力。其中，财政支出预决算偏离度中的一般公共预算支出的预算数据来自各省份历年预算草案报告，决算数据来自历年《中国统计年鉴》。该指标为负向指标，即指标绝对值越小，表示决算执行的结果与预算编制越一致，政府预算的总额控制能力越好，政府预算能力越强，预决算的偏差对政府行为产生的影响越小。审计违规金额占比中的审计违规金额数据来自历年《中国审计年鉴》。该指标为负向指标，即指标数值越小，表示政府部门越合规、有效地执行了预算。与往年不同的是，由于上海财经大学不再编写《中国财政透明度报告》，因此本年财政透明度指数采用清华大学及四川大学编写的中国市级政府财政透明度研究系列报告中的数据。本报告取各省份所有的地级市透明度的均值作为其财政透明度。该指标为正向指标，即数

值越高，相应省份的财政信息越公开透明。审计违规金额数据目前仅更新至 2019 年，因此在测算方面指数时，2020 年与 2021 年的审计违规金额占比利用 2019 年的数据进行了补充；安徽省 2008—2018 年、河南省 2008—2015 年、湖南省 2014—2017 年一般公共预算支出预算数据缺失，测算方面指数时利用距缺失年份最近一年的数据进行了补充，其他单独年份缺失的数据（宁夏 2010 年预算数据、甘肃 2013 年预算数据、海南 2014 年预算数据、河北 2015 年预算数据、西藏 2013 年审计违规金额），则利用前后年份的分项指标的均值进行了补充。

9.1　预算管理规范指数的平均趋势

9.1.1　方面指数的平均趋势

如图 9－1 所示，2008—2020 年，全国各省份的预算管理规范指数整体呈上升态势，从 2008 年的 63.13 上升至 2020 年的 86.59，但由于受新冠疫情影响，各地经济活动受到较大冲击，各省份预算管理都面临较多的不稳定因素，因此 2021 年相比 2020 年略有下降。具体来看，2021 年预算管理规范指数下降的主要原因是各省份的财政透明度有显著下降，但 2021 年的财政支出预决算偏离度是降低的，本报告所研究的 31 个省份中超过 2/3 的地方政府财政支出预决算偏离度有所下降，也就是说，尽管存在疫情影响，然而 2021 年地方政府的预算总额控制能力总体仍有提升，但各地政府财政信息公开情况较 2020 年略有恶化，这主要是由于 2020 年年初新冠疫情的大暴发以及 2021 年零散疫情的暴发与管控措施的出台，许多城市的“两会”召开的时间比正常年份有所延迟，因此市政府无法及时公开相关财政信息。预算管理规范指数在其他年份中基本保持稳中有升的态势，尤其在 2014 年，其增长速度有显著提升。2014 年后，预算管理规范指数整体增长速度均高于 2014 年之前的年份，而 2015 年 1 月 1 日新修订的《预算法》生效，这说明以新《预算法》生效为分水岭，地方政府预算绩效管理改革明显区别于以往，地方政府的预算管理能力得到了显著提升。2008—2011 年期间预算管理规范指数整体变化较小，但 2011 年后也出现了显著的小幅增长，这一阶段，复式预算体系进一步完善，例如：2011 年 4 月，财政部重新修订了《财政支出绩效评价管理暂行办法》；2011 年 3 月，国务院成立政府绩效管理工作部际联席会议，指导和推动政府绩效管理工作；除此之外，2010 年财政部发布《关于将按预算外资金管理的收入纳入预算管理的通知》，其中规定，从 2011 年 1 月 1 日起将预算外资金管理的收入（不含教育收费）全部纳入预算管理。

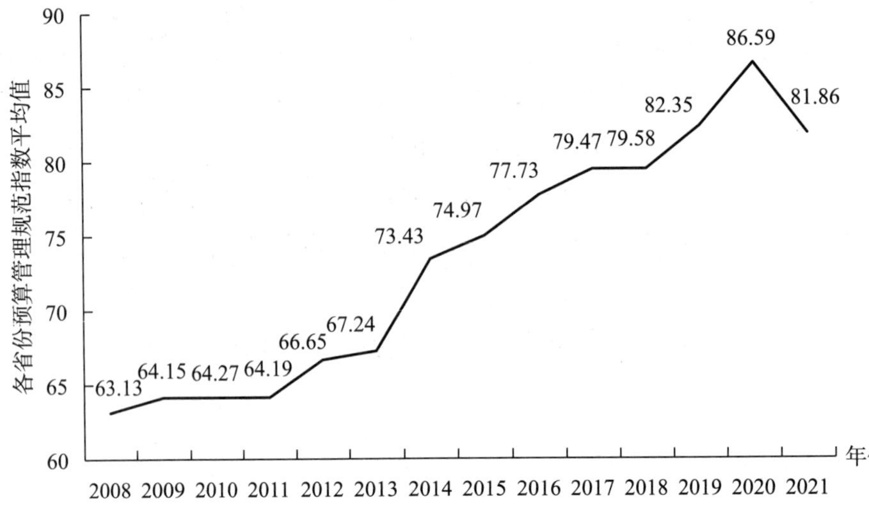

图9-1　2008—2021年各省份预算管理规范指数平均值的变动趋势

党的十八大以来，预算管理制度改革以推进国家治理体系和治理能力现代化为目标，不断加强预算编制、执行、决算、监督等多方面能力，推动实施全口径预算管理、预算支出标准体系建设、中期财政规划管理、预算绩效管理等具体改革措施，不断完善现代预算制度。这些改革从预算管理规范指数的变化情况来看都有显著效果，地方政府的预决算总额控制能力在逐年提升，审计违规金额占比在逐渐减小，财政透明度也在逐步提高，地方政府的整体预算管理能力在逐年增强。

9.1.2　分项指标的平均趋势

图9-2至图9-4给出了各省份财政支出预决算偏离度（绝对值）、审计违规金额占比、财政透明度等三个分项指标平均值的具体情况。可以看出，虽然方面指数呈现出上升态势，但三个分项指标的具体变动趋势仍呈现出不同的特点。总体来说，地方政府的预算执行结果与预算编制数字的吻合度越来越高，政府对预算的掌控能力越来越强，财政支出预决算偏离度绝对值从2008年至2021年下降了近30个百分点；审计违规金额占比在2015年之前呈波动变化，但自2015年新《预算法》正式实施后有明显下降趋势，从2015年至2019年下降了约4个百分点，2019年的审计违规金额占比仅为2015年的40%，说明财政资金的违规使用现象有明显减少，财政资金的使用效率有所提升；财政透明度方面，其从2013年的19.85上升至2021年的50.33，其中2020年最高，为63.38，这表明政府的财政预决算透明程度越来越高，受到监督的范围越来越广。

图 9－2 绘制了各省份财政支出预决算偏离度绝对值平均值的变动趋势。该指标为负向指标，表示决算执行结果与预算的偏离程度，2008 年至 2021 年，其从 36.88％下降至 8.32％，这表明总体而言地方政府预算管理工作有明显改善，决算与预算数字的吻合度越来越高。除此之外，还需要注意的是，图 9－2 所描述的是财政支出预决算偏离度绝对值，但财政支出预决算偏离度本身大多为正数，即各个省份的财政预决算均较长时期处于超支状态，绝大多数省份决算支出都长期高于预算支出。

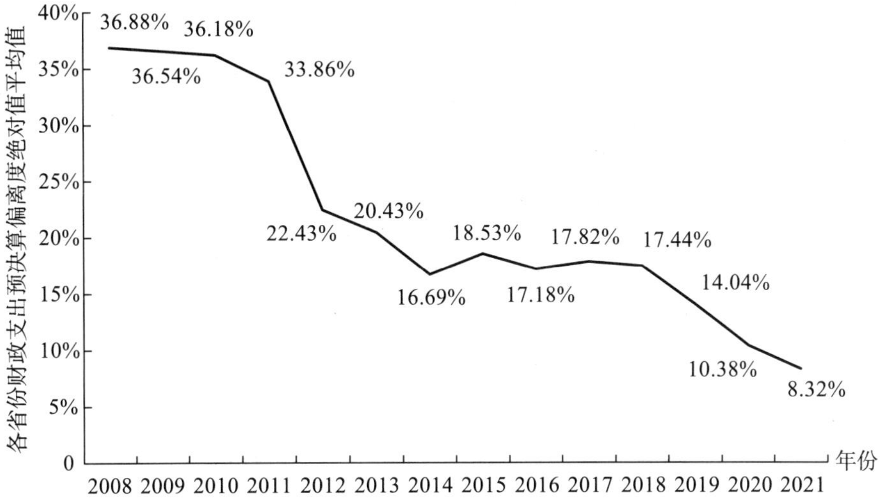

图 9－2　2008—2021 年各省份财政支出预决算偏离度绝对值平均值的变动趋势

具体来看，2011 年之前，财政支出预决算偏离度绝对值基本处于 30％以上，这段时间主要是在 2008 年金融危机影响下，国家实施了经济刺激计划，因此财政支出预决算偏离度绝对值持续较高。随着中国经济进入新常态，财政支出预决算偏离度绝对值从 2012 年开始大幅下降，从 2011 年的 33.86％下降至 2012 年的 22.43％。尽管在新常态的背景下经济增速开始换挡，但更有力度和更加积极的财政政策的实施，带来了支出规模的扩大，因此，财政支出预决算偏离度绝对值在 2012 年之后虽仍有下降，但在之后的几年里一直处于小幅波动状态，即从 2012 年的 22.43％下降至 2014 年的 16.69％之后，2014 年至 2018 年一直在 17％上下波动。2019 年财政支出预决算偏离度绝对值下降至 14.04％，并且在之后的几年里连续下降，2021 年下降到 8.32％。这也是财政支出预决算偏离度绝对值第一次保持在 10％以内，相对于 2008 年的 36.88％降幅显著。作为预算管理改革最直接的结果和体现政府预算总额控制能力最重要的指标，财政支出预决算偏离度绝对值的大幅下降体现了地方政府预算管理能力的显著提升。

审计违规金额占比能够反映政府预算是否被合规、有效地执行，严格控制审计违规现象的发生可以有效提高财政资金配置效率和打击腐败，审计违规金额占比是体现政府预算管理能力的重要指标。图 9-3 绘制了 2008 年至 2019 年各省份审计违规金额占比平均值的变动趋势，从中可以看出，审计违规金额占比的变动幅度相对较大，整体在 4%至 7%之间不断波动，说明一直以来预算违规问题没能得到有效解决，“屡审屡犯”的问题仍然存在。类似于财政支出预决算偏离度绝对值的变动趋势，从 2015 年新《预算法》执行后，审计违规金额占比连续四年下降，从 2015 年的 6.59%下降至 2019 年的 2.74%，2019 年审计违规金额占比相较于 2015 年降低了近 4 个百分点。2015 年后审计违规金额占比的显著下降主要得益于两点：一是新《预算法》扩大了预算监管范围，将政府部门所有的收入与支出都纳入审计范围内，给审计赋予了更深刻的含义；二是新《预算法》明确提出了审计机关应公开预算执行和其他财政收支情况的要求，提高了审计结果的公开透明程度，也让审计的监督力度变得更大。

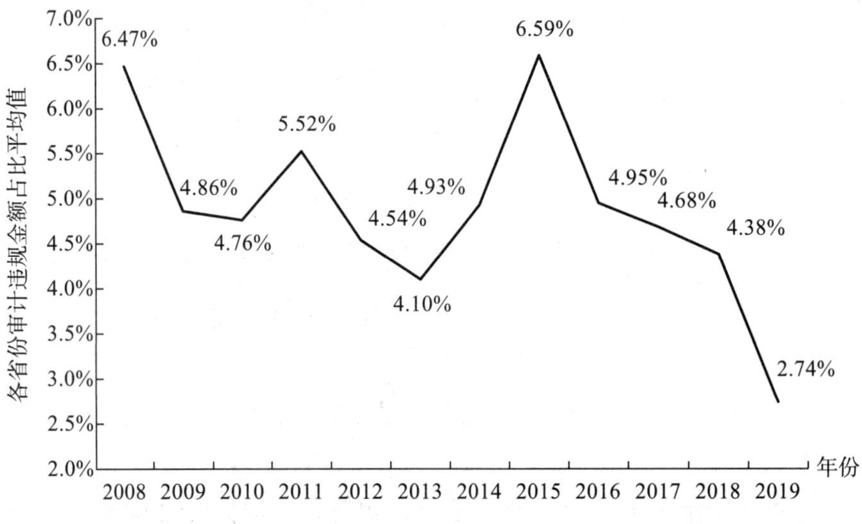

图 9-3　2008—2019 年各省份审计违规金额占比平均值的变动趋势

公开透明的预算制度能够有效促进权力机构和全国公民对财政活动的监督，进而促使政府提高预算管理能力，因此，政府预算透明度也是国家治理能力现代化在深化财税体制改革方面的重要体现。图 9-4 展示了《中国市级政府财政透明度研究报告》中 2013 年至 2021 年各省份财政透明度的平均情况，可以看出党的十八大以来，我国省级地方政府财政透明度有显著提高。2021 年省级地方政府的财政透明度平均值为 50.33，虽然较 2020 年有略微下降，但这主要是由于受到疫情影响，部分省份的财政数据推迟公开，相比 2013 年的 19.85 仍有显著提高。

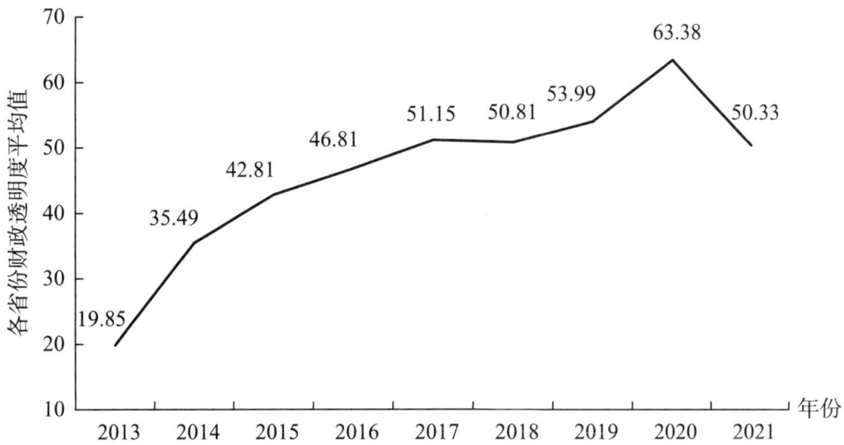

图 9－4　2013—2021 年各省份财政透明度平均值的变动趋势

9.2　预算管理规范指数的省际比较

9.2.1　东部、中部、西部地区的对比

图 9－5 对比了东部、中部、西部地区 2021 年财政支出预决算偏离度、2019 年审计违规金额占比以及 2021 年财政透明度。整体来看，三地区间的差异仍然存在，东部地区三个分项指标均优于其他两个地区，其中财政透明度和财政支出预决算偏离度差异较为显著。根据 2021 年东部、中部、西部地区财政支出预决算偏离度来看，中部地区最高，达 14.02％，西部地区次之，为 8.03％，东部地区实际支出与预算相差最小，偏离度为 4.50％，比中部地区低 9.52 个百分点；2019 年的数据显示，东部地区的审计违规金额占比最小，为 1.93％，西部地区的审计违规现象最为严重，审计违规金额占比为 3.24％，中部地区的审计违规情况略微好于西部，审计违规金额占比为 3.10％，但与东部地区的差异仍然较大；东部地区 2021 年的财政透明度最高，为 59.23，西部和中部地区与东部地区的财政透明度差距较大，西部地区为 46.39，中部地区最低，为 44.02。总体来看，经济最为发达的东部地区的预算管理能力最强；西部地区的三项指标中，财政预决算偏离度和财政透明度均处于中等水平，审计违规金额占比略低于中部地区，但与东部地区仍有较大差距；中部地区的三项指标中，财政预决算偏离度和财政透明度均低于其他两个地区，审计违规金额占比也仅略优于西部地区，说明预算管理能力仍有较大的提升空间。

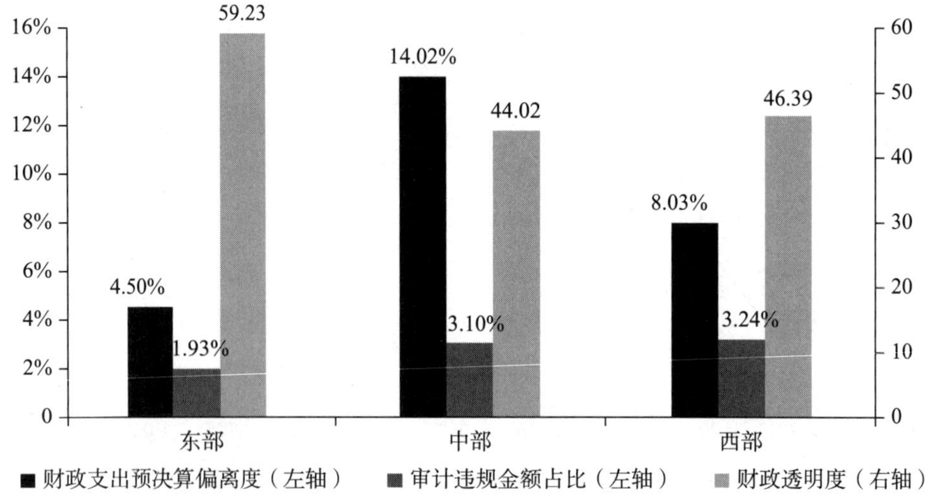

图9-5　东部、中部、西部地区预算管理规范指数分项指标

9.2.2　分项指标的省际对比

1. 财政支出预决算偏离度

图9-6展示了2020年和2021年31个省份的财政支出预决算偏离度绝对值的对比情况。该指标为负向指标，其数值越高，说明政府预算的总额控制能力越弱，预算执行过程越不规范。2021年各省份平均财政支出预决算偏离度绝对值为8.32%，各省份间存在显著差异，绝大多数省份2021年的偏离度绝对值小于2020年，

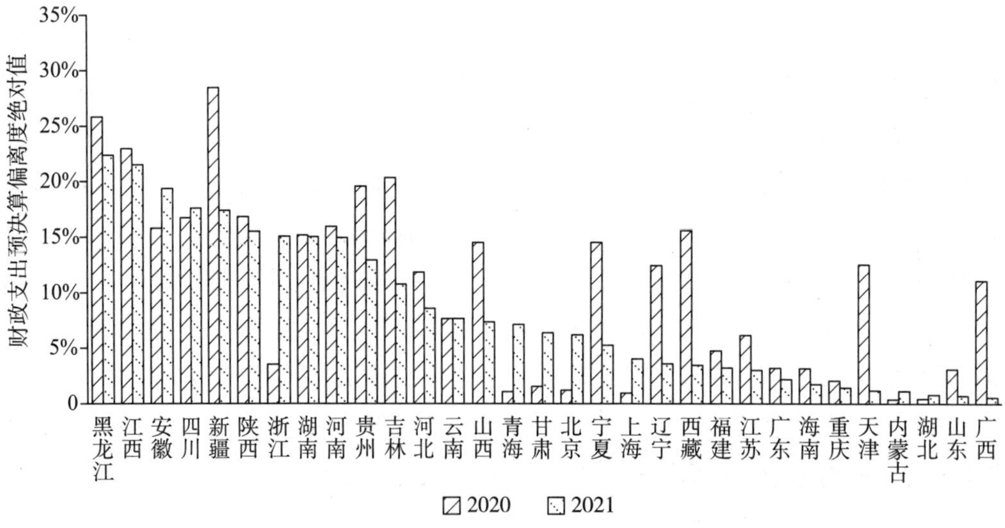

图9-6　2020年和2021年各省份财政支出预决算偏离度绝对值

说明预算偏离问题在逐渐缓解，但有超过 2/3 的省份支出的决算数超过预算数，即大部分省份都处于超支状态，尽管如此，相比 2020 年，超支的省份仍有所减少。广西、山东、湖北、内蒙古以及天津为偏离度绝对值最低的省份，偏离度绝对值基本维持在 1.5%以下，分别为 0.56%、0.71%、0.80%、1.13%和 1.18%，除此之外，广西和天津也是相对 2020 年偏离度绝对值下降幅度最大的，均降低了约 90%。财政支出预决算偏离度绝对值较高的省份有黑龙江、江西、安徽、四川以及新疆，财政支出预决算偏离度绝对值均在 20%左右。整体来看，东部省份的预算控制能力基本处于中上水平，中西部省份的预算控制能力差异较大，个别中西部省份偏离度绝对值趋于零，预算管理能力表现较为优异，但绝大多数中西部省份的预算总额控制能力仍亟待提高。

2. 审计违规金额占比

图 9－7 给出了审计违规金额占比的省际对比情况。该指标也为负向指标，用以衡量预算执行的规范程度。2019 年，全国 31 个省份审计违规金额占比的平均值为 2.74%，审计违规金额占比基本保持在 10%以内，相较于 2018 年，26 个省份的审计违规金额占比有所降低。其中，审计违规金额占比最小的省份是北京、宁夏、江苏、江西以及黑龙江，分别为 0.29%、0.45%、0.60%、0.71%和 0.71%。审计违规金额占比最高的省份是山西、广西、内蒙古、海南以及云南，分别为 10.56%、8.96%、8.12%、6.94%和 5.50%。值得注意的是，在 2018 年到 2019

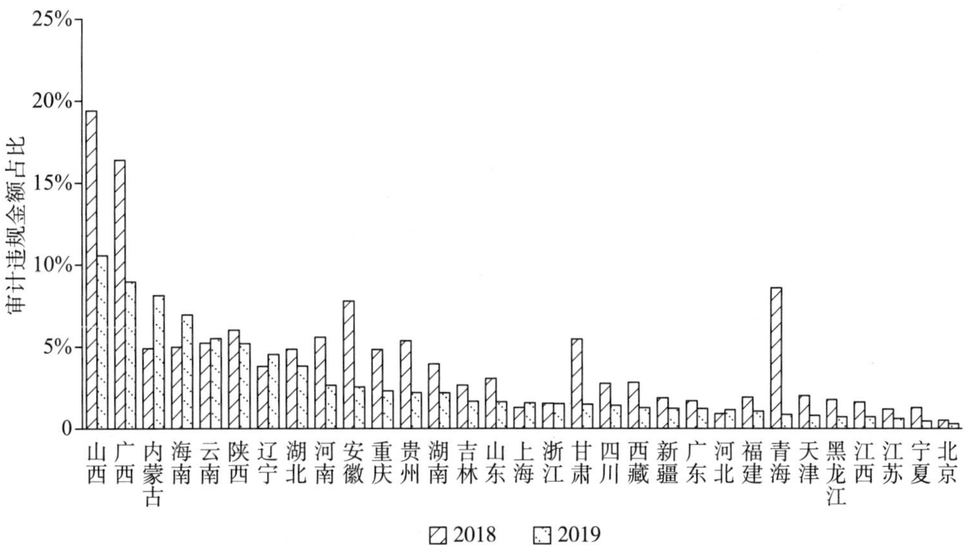

图 9－7　2018 年和 2019 年各省份审计违规金额占比

年中，青海审计违规金额占比下降最为明显，降低了约90%，除此之外，安徽、宁夏、黑龙江和贵州下降得也较为显著，分别降低了67.5%、64.6%、59.7%和59.3%。其次，山西的审计违规金额占比目前仍常年高于10%，远远高于其他省份，是审计违规现象最为严重的省份，但其2019年已降低至10.56%，相较于2018年下降了近10个百分点。总体来看，东部省份的审计违规金额占比均较小，预算执行的规范程度均处于中等偏上水平，审计违规金额占比较高的省份基本处于中西部地区，预算执行规范程度的省际差异仍然较为显著。

3. 财政透明度

财政透明度取自清华大学及四川大学发布的中国市级政府财政透明度研究系列报告，为正向指标。该报告指出，在现阶段，中国各级政府的财政透明工作应当遵循的原则有三个：财政信息内容全口径公开、财政信息一站式发布、财政信息服务界面用户友好型建设。其中，财政信息内容全口径公开包括纳入公共预算的机构和部门的公开情况、政府的“四本账目”的公开情况、政府预算绩效/项目绩效目标公开情况以及其他财政信息公开情况；财政信息一站式发布是指通过集成式、一站式服务，使用户可以在财政信息公开页面获得全面、完整的财政信息；财政信息服务界面用户友好型建设是电子政务建设的重要组成部分，也是政府面向社会提供电子化管理和服务的窗口，只有建设好政府门户网站，电子政务才能获得更好的发展，行为规范、运转协调、公正透明、廉洁高效的行政管理体制才能早日实现。

综合对以上三方面的评估，图9-8绘制了2020年和2021年31个省份所辖市级政府的财政透明度平均值。以各省份财政透明度平均值来看，2021年31个省份财政透明度的平均值为50.33，比2020年的63.38降低了13左右，基本与2018年持平，这主要是因为疫情影响下，许多城市的“两会”召开的时间比正常年份有所延迟，政府无法及时公开相关财政信息。从具体情况来看，北京、天津、上海、浙江这4个省份的财政透明度均在60以上，排在前4位，而甘肃、青海、西藏、黑龙江、内蒙古和河南等6个省份居后6位，其财政透明度均在40以下。从整体趋势看，财政透明度的最大值和最小值相对2013年均有明显提升，最大值由2013年的45.00（上海）提高到2021年的80.65（北京），最小值由2013年的10.88（吉林）提高到2021年的34.11（甘肃）。需要注意的是，近年来财政透明度的增长有趋缓甚至下降的苗头，一方面是疫情的影响，另一方面是由于地方财政信息公开的情况在某些方面不理想，例如，不同城市政府在财政公开透明方面的差异仍然很大，相同城市不同年份的财政透明度波动也较大。

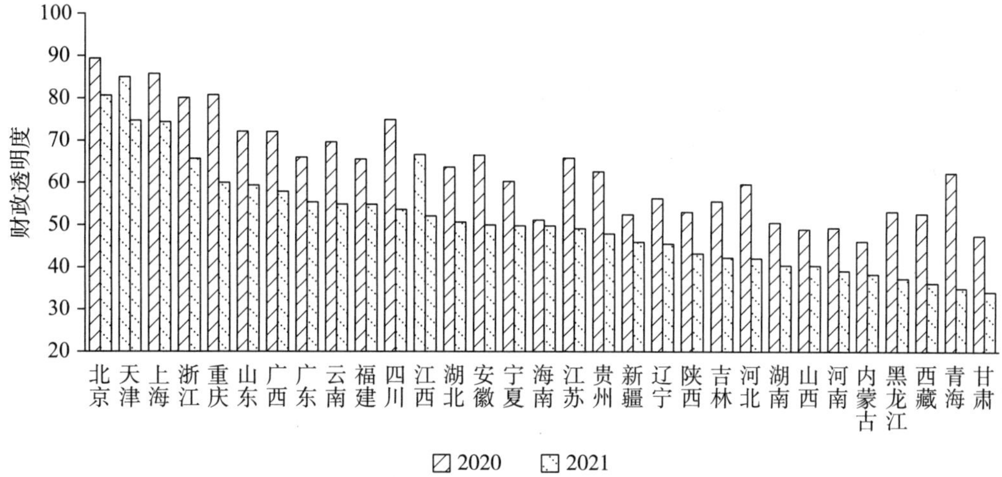

图 9-8　2020 年和 2021 年各省份财政透明度

总体来说，在新《预算法》的保驾护航下，我国地方政府财政透明度上升明显，各级政府对财政信息公开的态度也逐渐从被动转为主动，按照法律要求，越来越规范地公开各类财政信息。但在财政公开的内容上有着很多需要改进的地方，例如，在预算绩效/项目绩效目标、地方建设投资类公司、PPP、产业投资基金、抗疫资金等方面需加大公开透明的力度，在公开方式上也有很大的改进空间。

9.2.3　各省份预算管理规范指数的排名

图 9-9 给出了 2020 年和 2021 年各省份预算管理规范指数的对比情况。该指数越大，代表该相应预算管理能力越强。各省份预算管理能力之间差异较大，预算管理规范指数最大值与最小值之差超过 20，分项指标差异最大的是财政透明度，因此其对预算管理规范指数的影响最大，财政支出预决算偏离度的省际差异次之，审计违规金额占比的省际差异相对最小。由于三项分项指标出现了基本相同的空间分布，预算管理规范指数也呈现出东部地区普遍较高、大部分中西部省份排名较低的情况。东部地区经济发展水平较高，地方财政收入较为充足，这有利于地方政府降低预决算偏离度，进而增强预算管理能力。同时，东部较为发达的地区利用新技术新方法的速度更快，因此其财政信息公布的方式以及政府门户网站会更贴合公众需求，其财政透明度也就会更高。除此之外，在新冠疫情影响下，经济不确定性增加，导致政府在预算执行过程中需要调整原有计划，政府中途的调整行为会同时影响财政支出预决算偏离度和审计违规金额占比，而一些防控措施让政府工作推迟，因此一些信息的公布也会相应地推迟，这也是财政透明度普遍下降的主要原因。

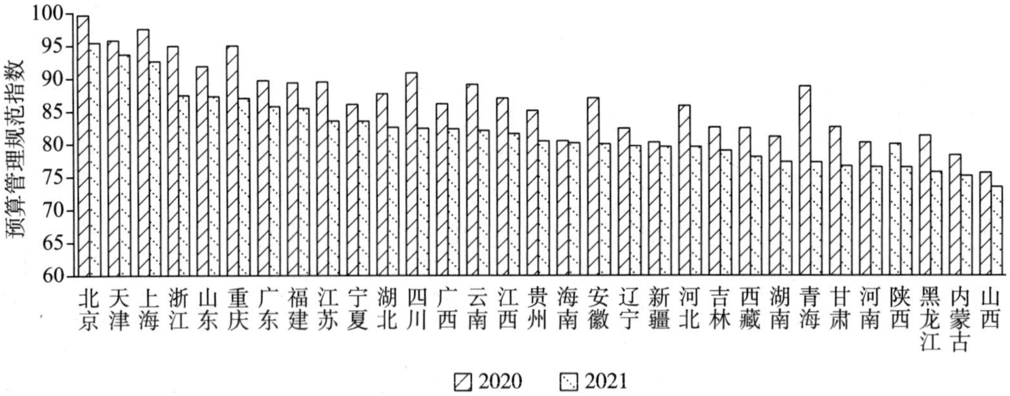

图 9-9　2020 年和 2021 年各省份预算管理规范指数

从 2020 年和 2021 两年的预算管理规范指数数据来看（见表 9-2），两年均位列前五的有北京、天津、上海以及浙江，重庆从 2020 年的第四名降低至 2021 年的第六名，山东从 2020 年的第六名上升至 2021 年的第五名，除此之外，山西、内蒙古、黑龙江、陕西以及河南等省份排名一直处于较为靠后的位置，在预算管理能力方面仍需加强。由于财政透明度差异较大，其对预算管理规范指数排名影响也较大，靠前的省份中绝大部分省份的财政信息公开程度都较高，财政透明度的提高有利于加强公众和权力机构对预算管理的监督，因此这些省份在降低财政支出预决算偏离度绝对值和审计违规金额占比等方面也都表现较好，因此未来可以通过进一步提升财政透明度来提升排名较靠后省份的预算管理能力。

表 9-2　2020 年和 2021 年各省份预算管理规范指数和排名

排名	2020 年		2021 年	
	省份	指数	省份	指数
1	北京	99.65	北京	95.45
2	上海	95.80	天津	93.68
3	天津	97.54	上海	92.62
4	重庆	94.93	浙江	87.44
5	浙江	91.86	山东	87.28
6	山东	94.98	重庆	87.00
7	四川	89.69	广东	85.75
8	广东	89.34	福建	85.45
9	江苏	89.49	江苏	83.54

续表

排名	2020年		2021年	
	省份	指数	省份	指数
10	福建	86.07	宁夏	83.52
11	云南	87.67	湖北	82.58
12	青海	90.84	四川	82.42
13	湖北	86.15	广西	82.34
14	安徽	89.08	云南	82.09
15	江西	87.00	江西	81.61
16	广西	85.11	贵州	80.49
17	宁夏	80.51	海南	80.20
18	河北	87.02	安徽	80.05
19	贵州	82.41	辽宁	79.70
20	甘肃	80.30	新疆	79.59
21	吉林	85.84	河北	79.57
22	西藏	82.57	吉林	78.98
23	辽宁	82.46	西藏	78.03
24	黑龙江	81.15	湖南	77.26
25	湖南	88.80	青海	77.22
26	海南	82.61	甘肃	76.64
27	新疆	80.27	河南	76.50
28	河南	80.05	陕西	76.47
29	陕西	81.31	黑龙江	75.73
30	内蒙古	78.30	内蒙古	75.16
31	山西	75.62	山西	73.47

9.3 预算管理规范指数小结

内容完整、编制科学、执行规范、监督有力、讲求绩效和公开透明是现代预算制度的基本原则。从党的十八届三中全会提出的“实施全面规范、公开透明的预算制度”到党的十九大提出的“建立全面规范透明、标准科学、约束有力的预算制度，全面实施绩效管理”，再到党的二十大提出的“健全现代预算制度”，以上预算管理原则在预算制度改革完善中日益得到充分体现，预算制度在支持财政发挥国家治理的基础和重要支柱作用上的功能日渐显现。

本报告认为，预算管理制度的完善应沿着两条主线，一条是讲求合规，增强刚性约束，另一条则是讲求绩效。前者强调约束有力，例如推进财政支出标准化，加强预算执行管理，主要是通过建立硬规则，要求合规性、约束性；后者则是强调绩效，在提高部门使用资金灵活性的同时，加强对绩效的评价，体现权责对等，放权和问责相结合。合规性和绩效性，两者相辅相成，共同服务于规范政府行为、提高财政资金使用效益、提高公共服务质量的预算管理目标。

第十章　基本公共服务指数

本部分介绍基本公共服务指数。该指数由义务教育生师比、每千人口卫生技术人员、人均图书馆藏书量、道路覆盖率和每千人口民政机构床位数等五个分项指标构成。具体指标内容如表 10－1 所示。

表 10－1　基本公共服务指数分项指标构成

指标名称	指标方向	权重	指标类别	定义
6. 基本公共服务指数		**100%**	**方面指数**	
6a 义务教育生师比	负向	20%	分项指标	义务教育学生人数/义务教育教师人数
6b 每千人口卫生技术人员	正向	20%	分项指标	卫生技术人员×1 000/人口数
6c 人均图书馆藏书量	正向	20%	分项指标	公共图书馆藏书量/人口数
6d 道路覆盖率	正向	20%	分项指标	年末实有道路面积/行政区域土地面积
6e 每千人口民政机构床位数	正向	20%	分项指标	民政机构床位数×1 000/人口数

原始数据主要来自历年《中国统计年鉴》，部分缺失数据来自历年《中国人口年鉴》与各省份统计年鉴。义务教育生师比指标的方向为负向，即该指标数值越小，表明教育资源越丰富；其他指标的方向均为正向，即指标数值越大，表明基本公共服务提供情况越好。

10.1　基本公共服务指数的平均趋势

10.1.1　方面指数的平均趋势

2008—2021 年，全国基本公共服务指数整体呈平稳上升态势，仅 2010 年和

2015年出现了两次波动。图10-1显示，2008年基本公共服务指数为22.94，2009年上升至25.16，2010年短暂回落至23.72。2011—2014年以大致均匀的增速持续上升至33.15，2015年基本公共服务指数再次出现波动，小幅回落至30.92。2015年之后，尽管增速相比之前有所下降，但基本公共服务指数持续保持均匀稳定、逐年上升的态势。2021年基本公共服务指数达到39.37，相比2008年将近翻倍。除两次波动外，基本公共服务指数均以相对稳定的速度逐年攀升，这表明我国在基本公共服务方面的投入以相对稳定的速度逐年增长。其中，2010年和2015年两次波动主要是受每千人口民政机构床位数的影响，该指标在早期呈现较大的波动趋势，2015年之后趋于稳定，这表明在脱贫攻坚战中兜底性民生保障和社会服务水平不断提升，质量越来越高。

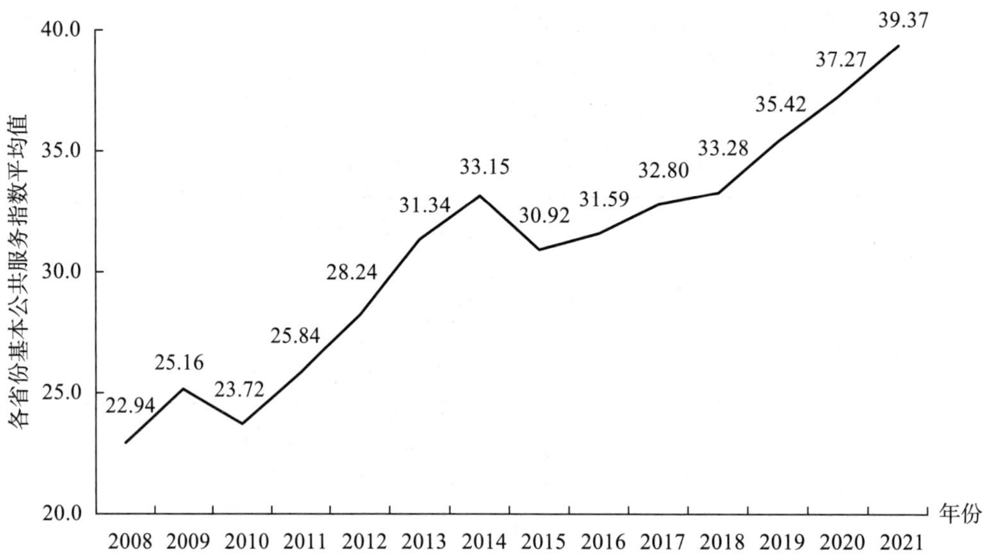

图10-1 2008—2021年各省份基本公共服务指数平均值的变动趋势

10.1.2 分项指标的平均趋势

图10-2至图10-6分别展示了2008—2021年各省份义务教育生师比、每千人口卫生技术人员、人均图书馆藏书量、道路覆盖率、每千人口民政机构床位数等五个分项指标平均值的变动情况。与2008年相比，2021年各项指标都发生了较为明显的变化。

义务教育生师比为负向指标。该指标数值越小，表明教育资源越丰富。2008年各省份义务教育生师比平均值为16.90，表明1位教师负担约17名学生，该指标持续降低至2013年的14.72，此后一直保持相对稳定。2021年，各省份义务教育生师比平均值为14.41，这表明在义务教育阶段1位教师平均负担14～15名学生。

义务教育生师比从降低到稳定的变化是我国“优化教育资源配置，重点保障义务教育均衡发展”的现实写照，表明义务教育阶段人力资源利用效率越来越高，办学质量越来越好，目前已处于相对稳定的状态。义务教育生师比的持续降低也彰显了教育优先发展的战略地位，即便在疫情期间，义务教育事业仍在党和国家的有力领导下稳步发展。类似地，各省份每千人口卫生技术人员平均值自 2008 年以来从 4.30 人保持稳定增长，2021 年达到 8.19 人，这意味着每千人口配比的卫生技术人员从大约 4 人增长到 8 人，将近翻倍，平均来看医疗卫生领域的人力资源越来越丰富。人均图书馆藏书量指标也呈现逐年稳定增长的态势，2010—2013 年出现波动后，又迅速恢复以往的增速。2008 年各省份人均图书馆藏书量平均值约为 0.49 册，2021 年已增长为 0.94 册，将近翻倍，表明在“全民阅读”国家发展战略指导下，以公共图书馆为代表的城市公共资源投入在持续增加。然而整体来看，人均图书馆藏书量仍旧不足 1 册，城市公共图书资源的投入依旧存在较大的上升空间。各省份道路覆盖率平均值自 2008 年的 1.90 万平方米/平方公里持续稳定增长至 2021 年的 3.96 万平方米/平方公里，这与我国的城镇化建设有着密切的联系，表明我国在基础设施建设方面持续投入。与其他指标不同，各省份每千人口民政机构床位数平均值在早期波动较大，但 2018 年以后便持续以稳定的增速从 2.91 张增长至 2021 年的 3.73 张，每千人口民政机构床位数达到大约 4 张。

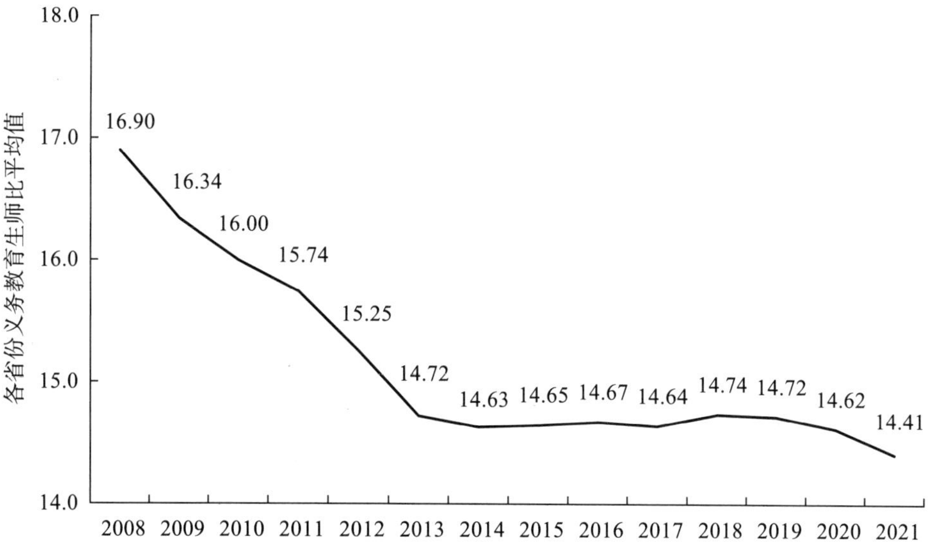

图 10－2　2008—2021 年各省份义务教育生师比平均值的变动趋势

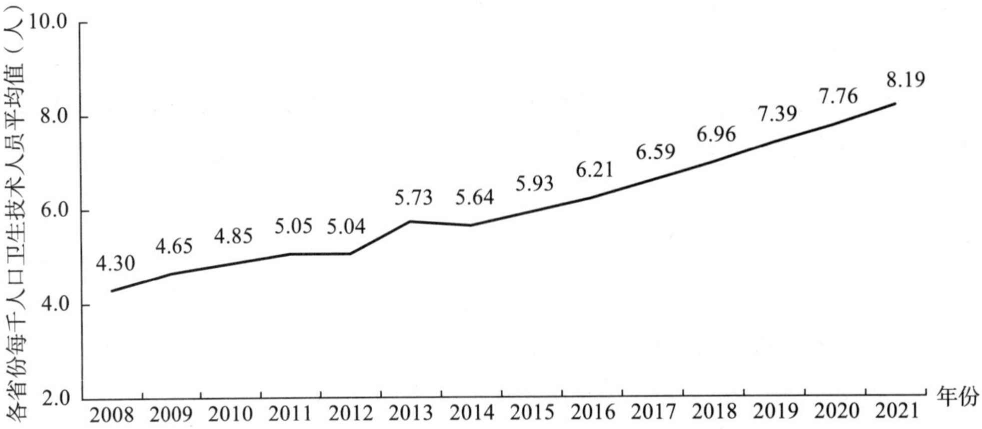

图 10－3　2008—2021 年各省份每千人口卫生技术人员平均值的变动趋势

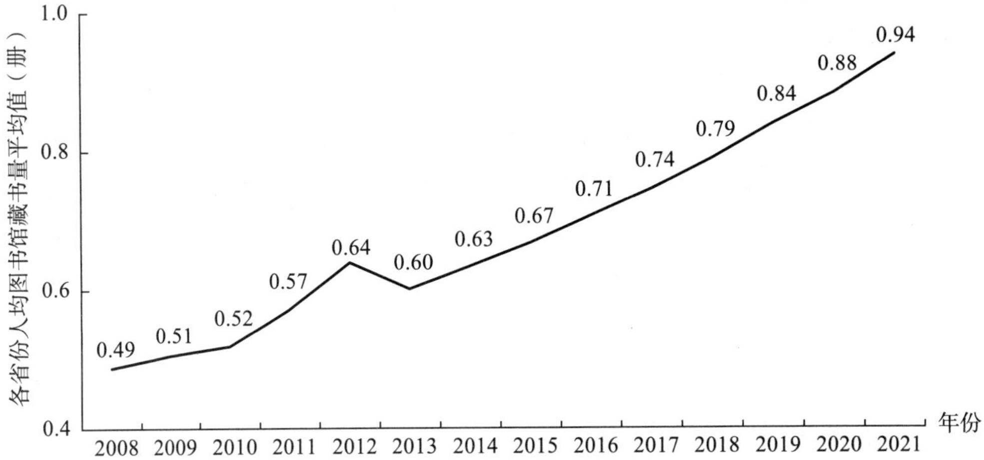

图 10－4　2008—2021 年各省份人均图书馆藏书量平均值的变动趋势

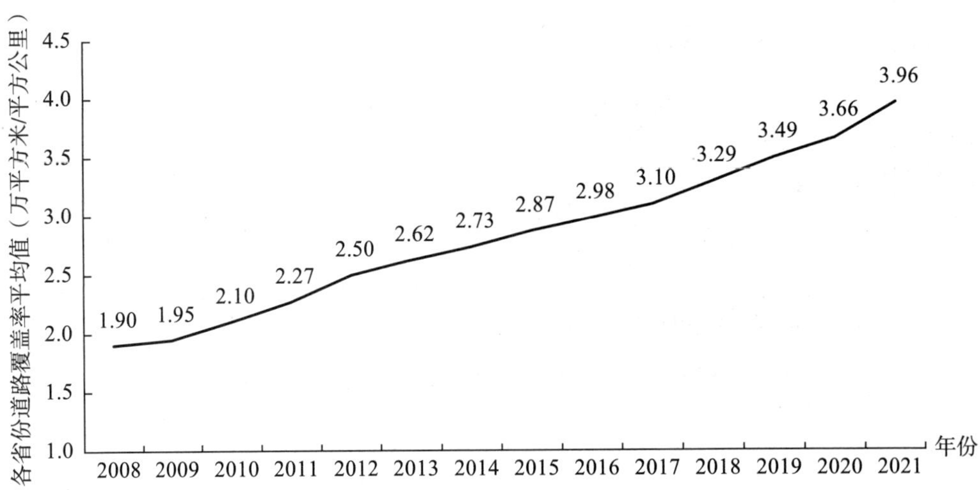

图 10－5　2008—2021 年各省份道路覆盖率平均值的变动趋势

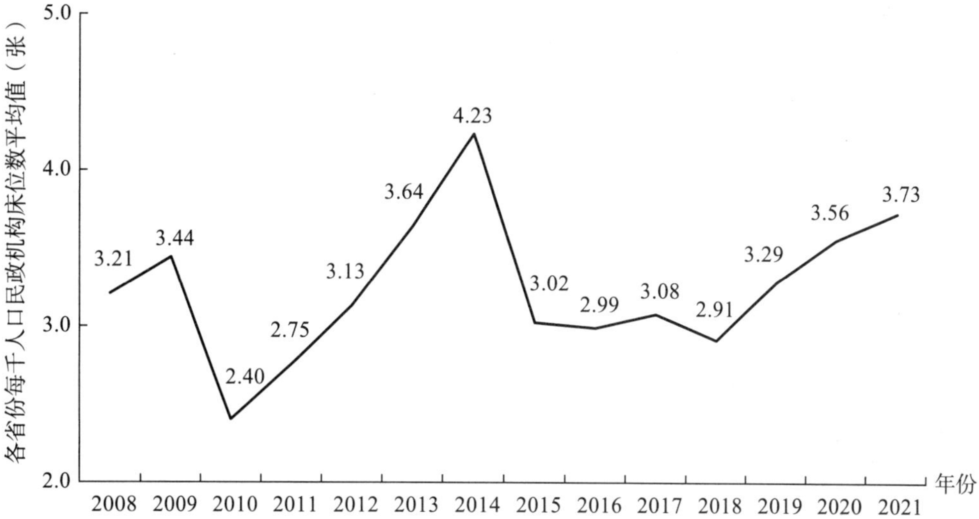

图 10-6　2008—2021 年各省份每千人口民政机构床位数平均值的变动趋势

10.2　基本公共服务指数的省际比较

10.2.1　东部、中部、西部地区的对比

如图 10-7 所示，对比 2021 年东部、中部、西部地区基本公共服务各项指标，整体来看东部、中部、西部地区基本公共服务水平依旧存在差异，东部地区的部分指标优于中部和西部地区。从义务教育生师比来看，东部、中部、西部地区基本持平，1 位教师平均负担约 14 名学生，得益于政府在义务教育师资配置方面的宏观调控，目前义务教育师资投入在数量上各区域间已达到相对均等。在医疗资源方面，东部地区每千人口卫生技术人员指标略高于中部和西部地区，其原因在于：一方面，经济发展不平衡使得不同地区医疗卫生领域人力资源存在差异；另一方面，中部和西部地区的人才流失问题也会使得卫生技术人员的区域分布相对不够均衡。尽管差异不大，但中部和西部地区在该方面依旧存在进步的空间。从人均图书馆藏书量指标来看，东部地区人均图书馆藏书量为 1.34 册，远高于中部地区的 0.71 册和西部地区的 0.72 册。东部地区率先完成了《文化部“十三五”时期文化发展改革规划》中提出的人均图书馆藏书量达到 1 册的目标，中部和西部地区的公共图书馆建设水平有待进一步提高。从道路覆盖率指标来看，东部地区的道路覆盖率远高于中部和西部地区，这与其经济发展水平和地方政府财力有关。受惠于“两步走”战

略，东部地区的城市化与城镇化水平相对较高，基础设施建设更为完善。公路建设不仅关乎居民日常出行，还为不同行业提供道路运输服务，加快中部和西部地区公路建设对推动区域资源协调配置与促进经济协同发展具有重要意义。从每千人口民政机构床位数指标来看，中部地区每千人口民政机构床位数达到 4.79 张，高于东部地区的 3.89 张，更远高于西部地区的 2.87 张，该指标的均等化力度仍有待加强。

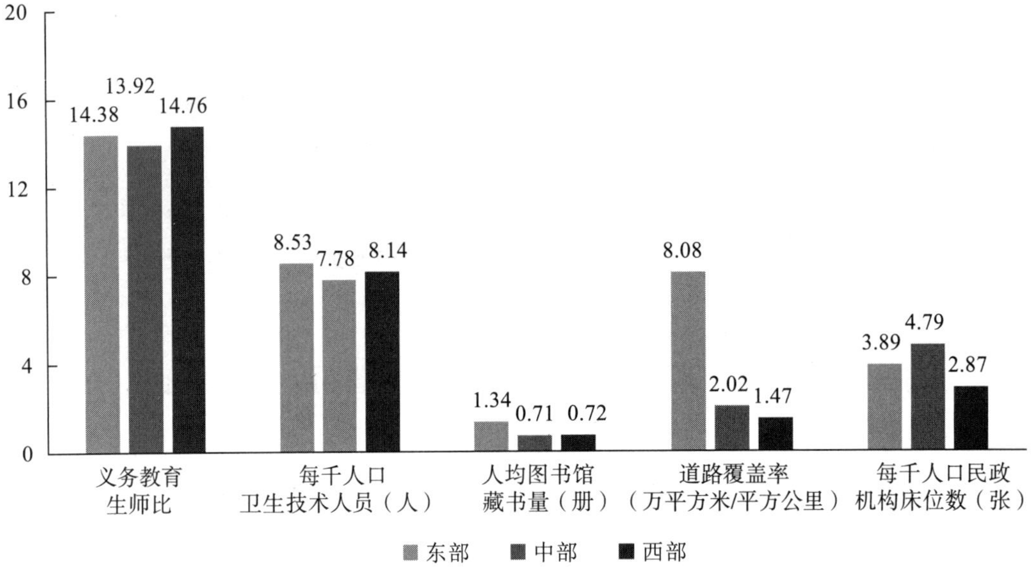

图 10－7　2021 年东部、中部、西部地区基本公共服务指数分项指标

10.2.2　分项指标的省际对比

1. 义务教育生师比

图 10－8 为 2020 年和 2021 年各省份义务教育生师比指标的情况。该指标为负向指标，义务教育生师比数值越小，说明义务教育阶段师资越充足。根据《2021 年全国教育事业发展统计公报》，2021 年全国义务教育生师比平均为 14.95，统计数据显示，16 个省份义务教育生师比低于全国平均水平（师资力量更充足），其余 15 个省份义务教育生师比高于全国平均水平（师资力量更薄弱）。2021 年贵州、广东、广西、福建等地义务教育师资力量相对紧张，每位教师负担 16～17 名学生；东北和西北地区师资力量相对于学生而言最为充足，师资力量投入从东北地区到西南地区存在下降的空间趋势。整体来看，义务教育师资投入呈现出“大部分地区均等，少部分地区领先”的特征。相比 2020 年，除北京、上海、贵州、新疆外，各

省份义务教育生师比均有所下降，表明这些地区师资投入进一步增加。上述义务教育生师比上升的省份中，其总人口数未出现明显变化。北京、上海、新疆的义务教育阶段教师和学生均有所增加，但学生数量增长更快。其中，新疆小学学生相较初中学生增长更快，可能是由于近年人口出生数量增加，人口结构发生改变。贵州义务教育学生数增长的同时教师数却在减少，特别是小学阶段教师数量显著下降，可能是由于教师待遇、教学环境等问题造成了师资流失。

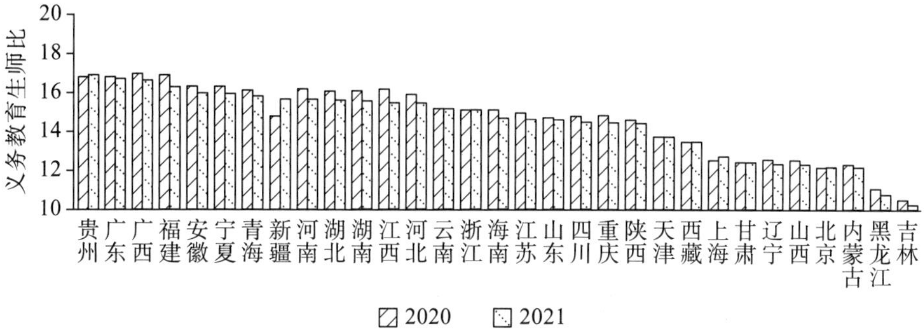

图 10－8 2020 年和 2021 年各省份义务教育生师比

2. 每千人口卫生技术人员

图 10－9 展示了 2020 年和 2021 年每千人口卫生技术人员的省际对比情况。统计数据显示，2021 年大部分省份每千人口卫生技术人员为 6～9 人，差距不大。只有北京该指标数值为 13.2 人，远高于其他省份。整体来看，卫生技术人员资源在各省份间差距不大，较为均等。但前十名中仅吉林和黑龙江为中部地区，这一定程度上表明该指标表现出中部塌陷的特征。相比 2020 年，该指标数值在所有省份均有所增加，表明公共卫生领域人力资源投入持续增加。其中，西藏和甘肃增幅最为明显：西藏 2020 年每千人口卫生技术人员为 6.23 人，2021 年为 7 人，增长 12.4%；甘肃 2020 年每千人口卫生技术人员为 7.24 人，2021 年为 8.07 人，增长 11.5%。

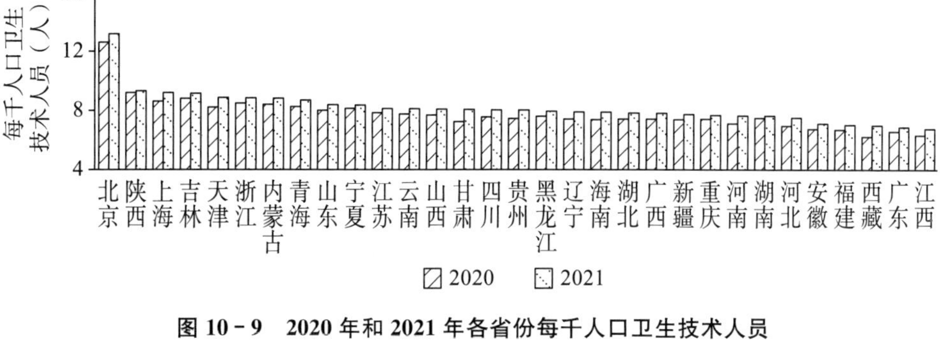

图 10－9 2020 年和 2021 年各省份每千人口卫生技术人员

3. 人均图书馆藏书量

图 10－10 展示了 2020 年和 2021 年人均图书馆藏书量的省际对比情况。统计数据显示，2021 年上海的人均图书馆藏书量为 3.3 册，远高于其他省份；河南、贵州人均图书馆藏书量均不足 0.5 册。相比 2020 年，各省份该指标均有所增加，排名基本未变。根据文化部印发的《“十三五”时期全国公共图书馆事业发展规划》，到 2020 年全国人均公共图书馆藏书量将达到 1 册。根据实际数据计算可得，2021 年全国人均图书馆藏书量接近 1 册，人均图书馆藏书量达到 1 册的省份仅 11 个，与目标尚有一定距离。这表明公共图书馆资源投入仍有待增加。

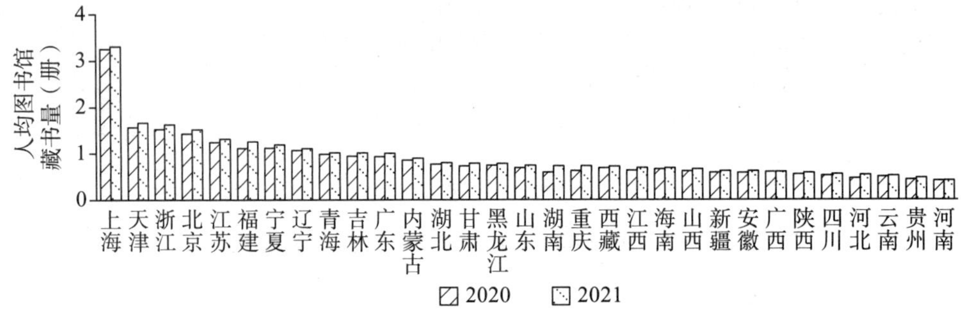

图 10－10　2020 年和 2021 年各省份人均图书馆藏书量

4. 道路覆盖率

图 10－11 展示了 2020 年和 2021 年道路覆盖率的省际对比情况。根据统计数据，道路覆盖率在各省份呈现出部分领先、大多均等的特征：上海、天津、北京等经济发展比较好的省份道路覆盖率已达 9 万～19 万平方米/平方公里，意味着每平方公里就有 9 万～19 万平方米的公路，远远高于其他地区；而西藏、内蒙古、甘肃等省份道路覆盖率较低，不足 0.5 万平方米/平方公里。除了地广人稀的因素外，这与东部、中部、西部地区发展差异有很大关系：整体而言，东部地区发展水平最高，西部地区相对滞后，中部地区介于两者之间。道路覆盖率大小也呈现出明显的区域差异：2021 年道路覆盖率排名前 10 的省份中有 8 个属于东部地区，排名后 10 的省份中有 8 个属于西部地区。相比 2020 年而言，各省份道路覆盖率均有增加，其中海南、辽宁两省增长较快，均增长超过 20%。公路建设对推动城市化与城镇化建设、促进地区间交流、拉动地区经济发展有着重要的作用，特别是在如今构建以国内大循环为主体的双循环发展新格局的背景下，更应该科学规划公路建设，逐步缩小地区差距，以公路建设推动城市群建设和城镇化发展，助力构建国内大循环。

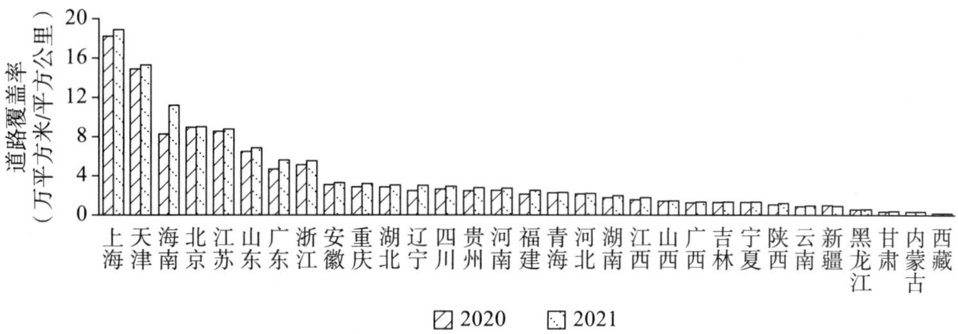

图 10－11　2020 年和 2021 年各省份道路覆盖率

5. 每千人口民政机构床位数

图 10－12 展示了 2020 年和 2021 年每千人口民政机构床位数的省际对比情况。统计数据显示，各省份提供的民政机构床位数有明显的差异，吉林、安徽、黑龙江、上海每千人口民政机构床位数已超过 6 张，而海南、甘肃、青海、广西等省份每千人口民政机构床位数不足 2 张。2021 年该指标前 10 名中有 5 个来自东部地区，5 个来自中部地区，后 10 名中有 6 个来自西部地区，3 个来自东部地区，1 个来自中部地区。西部地区整体表现不佳的原因可能在于，经济发展水平越低，基本公共服务的提供就越匮乏。东部地区表现出两极分化的状态，部分省份排名靠前，而广东、福建、海南排名靠后，其原因在于，尽管其经济发展水平较高，从而会带来更丰富的基本公共服务供给，但同时也会吸引大量劳动力涌入，使得人均公共资源较为紧张。相比 2020 年，2021 年有 9 个省份的每千人口民政机构床位数减少，另外 22 个省份该指标有所增加，其中西藏增长最为明显：2020 年其每千人口民政机构床位数为 2.65 张，2021 年增长为 3.87 张，增长了 46.04%。在该指标减少的 9 个省份中，浙江减少得最多：从 2020 年的 5.32 张减少至 2021 年的 4.17 张，减少了 21.62%。

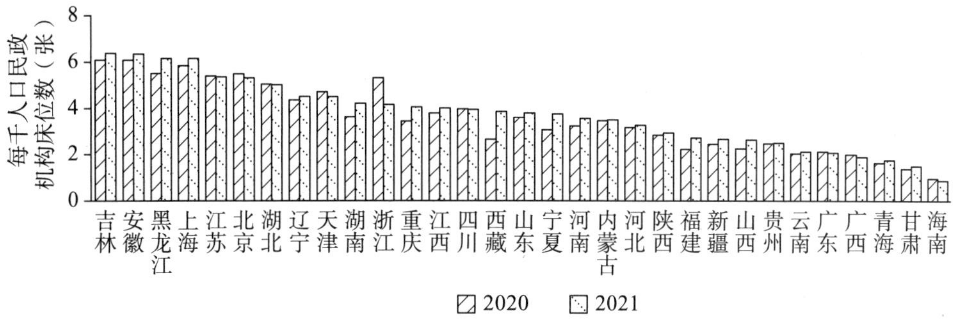

图 10－12　2020 年和 2021 年各省份每千人口民政机构床位数

10.2.3　各省份基本公共服务指数的排名

根据各省份的基础数据，使用指数化的方法得到各省份基本公共服务指数的数值，该指数数值越大，表明基本公共服务提供得越多。从图 10－13 中看出，各省份基本公共服务指数存在两极分化趋势，排名最后一位的广西基本公共服务指数为 25.71，排名第一位的上海基本公共服务指数为 80.68，是广西的 3 倍有余。基本公共服务指数也存在区域间不均衡的特征：2021 年基本公共服务指数排名前 10 的省份中，7 个来自东部地区，3 个来自中部地区；排名后 10 的省份中，5 个来自西部地区，3 个来自东部地区，2 个来自中部地区。一方面，经济发展水平更高的地区有更雄厚的财力提供基本公共服务；另一方面，经济发展水平更高的地区会吸引大量人口流入，使得基本公共服务资源相对紧张，这也解释了广东等地基本公共服务指数排名常年靠后的现象。

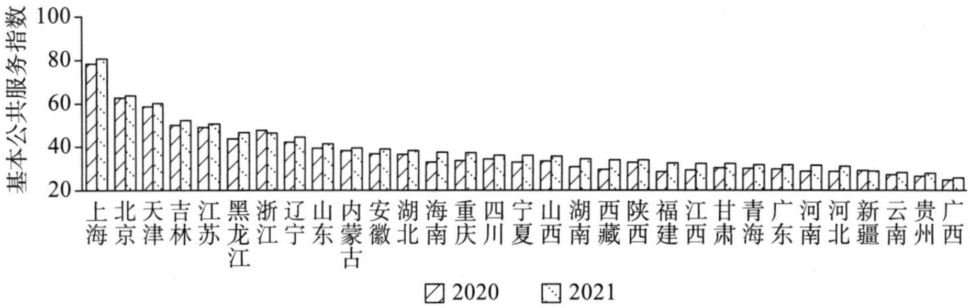

图 10－13　2020 年和 2021 年各省份基本公共服务指数

根据表 10－2，各省份 2020 年和 2021 年基本公共服务指数排名变化不大。前 10 名仅有黑龙江和浙江排名发生变化，除吉林、黑龙江和内蒙古外均为东部省份。后 10 名多为西部省份，中部省份排名大多居中。这表明东部、中部、西部地区基本公共服务质量存在一定的区域不均衡现象。基本公共服务水平往往与地区经济发展水平、地方政府财力正相关，而广东、福建、河北等东部省份排名靠后，一方面可能与人口流入较多导致基本公共服务资源紧张有关，另一方面侧面反映出地方政府对基本公共服务投入的关注度不够。福建从 2020 年的第 28 名跃为 2021 年的第 21 名，各分项指标均有所增长，这与其加大基本公共服务投入有很大关系。广西连续两年垫底，各项指标均处于中下游水平，在量入为出的基础上应当进一步加强基本公共服务建设。

表 10-2 2020 年和 2021 年各省份基本公共服务指数和排名

排名	2020 年		2021 年	
	省份	指数	省份	指数
1	上海	78.33	上海	80.68
2	北京	62.71	北京	63.72
3	天津	58.64	天津	60.14
4	吉林	49.92	吉林	52.10
5	江苏	48.91	江苏	50.50
6	浙江	47.59	黑龙江	46.57
7	黑龙江	43.68	浙江	46.34
8	辽宁	42.14	辽宁	44.45
9	山东	39.33	山东	41.36
10	内蒙古	38.20	内蒙古	39.43
11	安徽	36.73	安徽	38.98
12	湖北	36.52	湖北	38.25
13	四川	34.33	海南	37.45
14	重庆	33.60	重庆	37.22
15	山西	33.37	四川	36.07
16	海南	32.92	宁夏	36.01
17	宁夏	32.89	山西	35.60
18	陕西	32.81	湖南	34.40
19	湖南	30.72	西藏	33.93
20	甘肃	30.27	陕西	33.90
21	青海	30.02	福建	32.50
22	广东	29.74	江西	32.28
23	西藏	29.55	甘肃	32.26
24	江西	29.29	青海	31.73
25	新疆	29.08	广东	31.70
26	河南	28.71	河南	31.51
27	河北	28.66	河北	31.03
28	福建	28.47	新疆	28.81
29	云南	27.16	云南	28.15
30	贵州	26.46	贵州	27.80
31	广西	24.72	广西	25.71

10.3　基本公共服务指数小结

基本公共服务是由政府主导的旨在保障全体公民生存和发展基本需要并与经济社会发展水平相适应的公共服务。基本公共服务均等化的目的是实现居民间、城乡间、区域间的均等化，实现社会发展成果共享，促进社会公平与共同富裕。党的十九大报告明确提出到 2035 年基本实现基本公共服务均等化的目标。2021 年 3 月，国家发展改革委联合 20 个部门出台《国家基本公共服务标准（2021 年版）》，明确了幼有所育、学有所教、劳有所得、病有所医、老有所养、住有所居、弱有所扶、优军服务保障、文体服务保障等 9 个方面、22 大类、80 个服务项目的服务对象、服务内容、服务标准、支出责任以及牵头负责部门，并要求各地进一步细化充实本地区的相关服务标准和服务流程，确保国家标准落地落实。这意味着，政府财政支出重点应当从增长导向的基础设施建设逐步转移到民生导向的教育、医疗、文化等公共服务供给上。从全国来看，2021 年基本公共服务指数和其分项指标相较 2020 年都有着明显的改善，但同时地区间存在的差异也值得注意。

基本公共服务均等化建设是一个不断调节平衡的过程，近年来各省份公共服务水平实现稳步增长，大多指标已经达到兜底的标准，但是距离实现结果均等尚有一些距离。我国基本公共服务发展不均衡存在两大特征：第一，基本公共服务水平往往与地区的经济发展水平相关。整体来看，东部地区优于中部地区，中部地区优于西部地区。不同省份经济发展水平差异较大，地方政府财力水平不同，因而基本公共服务的建设存在一定差异。第二，流动人口规模的扩大给一些经济发展水平较高的省份带来了基本公共服务资源供给紧张的问题。为实现基本公共服务均等化，应该完善相关转移支付制度，加大支持保障力度，以缩小各省份基本公共服务建设水平的差距。同时，中央要大力提升地方政府提供基本公共服务的积极性，推动地方政府治理水平持续提高。

第十一章　省内财政均衡性指数

本部分通过构建省内财政均衡性指数，衡量省份内部各个地级市的财政运行均衡情况。本章使用省内各市人均财政收入差距、省内各市人均财政支出差距、省内转移支付均等化力度以及省内各市基本公共服务差距等四个分项指标对省内财政运行均衡情况进行刻画（见表 11－1）。

表 11－1　省内财政均衡性指数分项指标构成

指标名称	指标方向	权重	指标类别	定义
7. 省内财政均衡性指数		**100%**	**方面指数**	
7a 省内各市人均财政收入差距	负向	25%	分项指标	省内各市人均财政收入的基尼系数
7b 省内各市人均财政支出差距	负向	25%	分项指标	省内各市人均财政支出的基尼系数
7c 省内转移支付均等化力度	正向	25%	分项指标	省内各市人均财政收入的基尼系数－省内各市人均财政支出的基尼系数
7d 省内各市基本公共服务差距	负向	25%	分项指标	省内各市基本公共服务指数的基尼系数

地级市数据来自历年《中国城市统计年鉴》，该年鉴仅包括地级市数据，不含地区和自治州数据。本部分在编制指数时剔除了北京、上海、天津、重庆 4 个直辖市，以及所辖地级市数量较少（多数年份小于 3 个）的海南、西藏、青海、新疆 4 个省份。因此本章仅计算余下的 23 个省份的省内财政均衡性指数。同时，由于《中国城市统计年鉴》目前仅公布至 2019 年数据，因此本章省内财政均衡性指数仅呈现到 2019 年。

11.1 省内财政均衡性指数的平均趋势

11.1.1 方面指数的平均趋势

2008—2019 年全国各省份省内财政均衡性指数平均值整体上呈波动上升趋势。图 11－1 显示，该指数在 2010 年、2013 年、2014 年之外的年份均环比增加，特别是在 2009 年和 2012 年较前一年提升幅度较大。2015—2019 年，省内财政均衡性指数稳步上升，全国各省份省内财政运行情况日趋均衡。其中，2018 年省内财政均衡性指数平均值为 65.07，2019 年上升至 66.11。省内财政均衡性指数的上升，意味着省内各市财政收入、财政支出和基本公共服务的均衡程度逐渐提高，省内转移支付均等化力度不断加大，我国各省份省内财政运行的均衡性在不断增强。

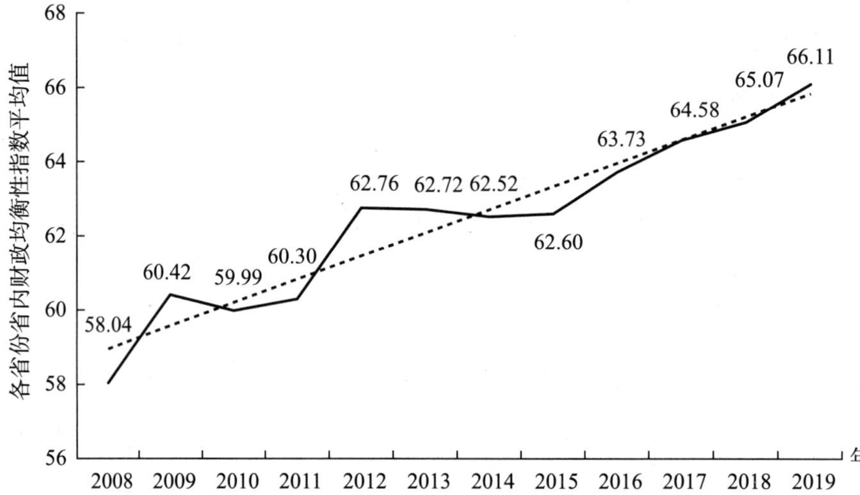

图 11－1　2008—2019 年各省份省内财政均衡性指数平均值的变动趋势

11.1.2 分项指标的平均趋势

图 11－2 至图 11－5 分别展示了全国各省份 2008—2019 年的省内各市人均财政收入差距、省内各市人均财政支出差距、省内转移支付均等化力度和省内各市基本公共服务差距四个分项指标平均值的变动趋势。与 2008 年相比，2019 年各分项指标均发生了较为显著的变化。平均来看，全国各省份省内各市人均财政收入差距、省内各市人均财政支出差距、省内各市基本公共服务差距均呈现明显的下降趋势，省内转移支付均等化力度则逐步提高。

从分项指标来看，在财政收入的省内均衡方面，全国各省份省内各市人均财政收入差距平均值从2008年的0.384逐步减小到2014年的0.347，2015年略有提高，上升至0.353，2015—2018年保持稳定，2019年小幅下降至0.347。在财政支出的省内均衡方面，全国各省份省内各市人均财政支出差距平均值逐年下降，从2008年的0.217下降到2019年的0.162，下降幅度约为25%。这表明，平均来看，各省份内部的财政支出均衡性有了较为明显的提高。作为省内各市人均财政收入差距与省内各市人均财政支出差距的差值，省内转移支付均等化力度越大，意味着省内财政收入再分配程度越高。2008年至2012年，全国各省份省内转移支付均等化力度平均值在0.170左右波动，2013年与2014年，由于全国各省份省内各市人均财政收入的均衡性提升较大，省内财政收入可进行再分配的空间缩小，全国各省份省内转移支付均等化力度平均值出现了一定幅度的下降。2015—2019年，随着财政收入省内均衡性的稳定和财政支出省内均衡性的提高，该指标呈现逐年上升的趋势，到2019年已达到0.185。而在基本公共服务的省内均衡方面，与其他指标不同，在2008—2015年全国各省份省内各市基本公共服务差距平均值波动较大。该指标从2008年的0.132大幅下降至2009年的0.121，继而上升至2011年的0.128，2012年下降至0.110后保持相对稳定，在2015年又上升至0.115。2016年以来全国各省份省内各市基本公共服务差距的平均值逐渐减小，到2019年已减小至0.105，这表明近几年我国各省份在基本公共服务的资源投入配置方面取得了一定进步，省内各市基本公共服务的均衡性在稳步提高。

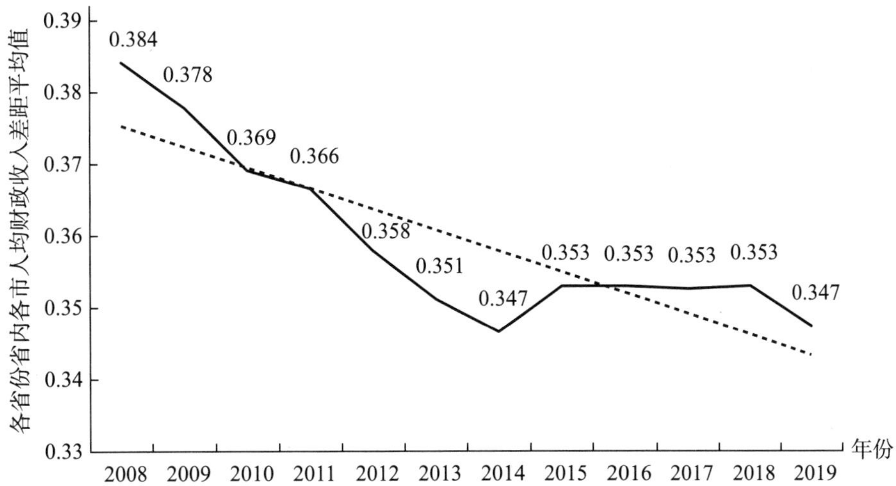

图11-2　2008—2019年各省份省内各市人均财政收入差距平均值的变动趋势

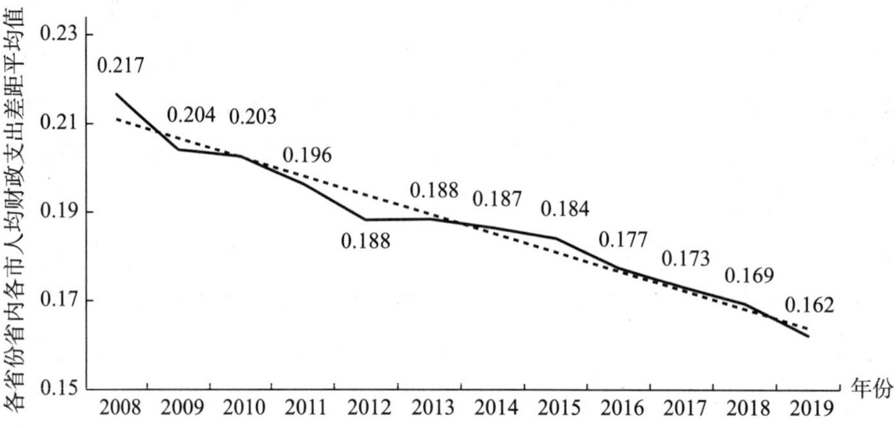

图 11-3　2008—2019 年各省份省内各市人均财政支出差距平均值的变动趋势

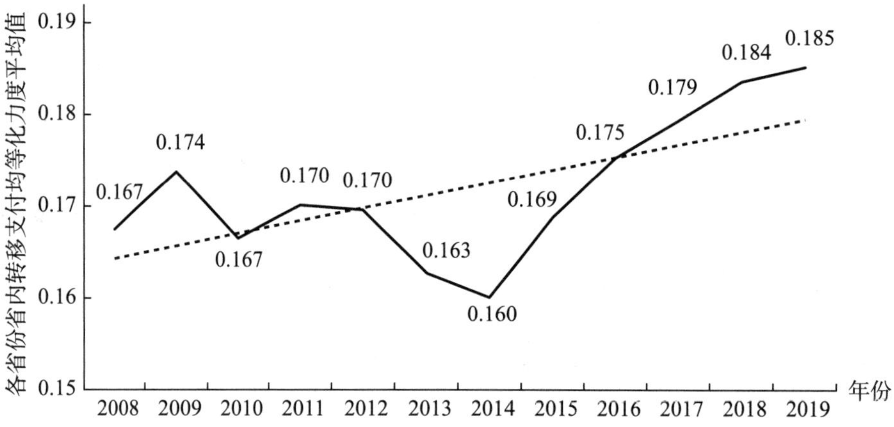

图 11-4　2008—2019 年各省份省内转移支付均等化力度平均值的变动趋势

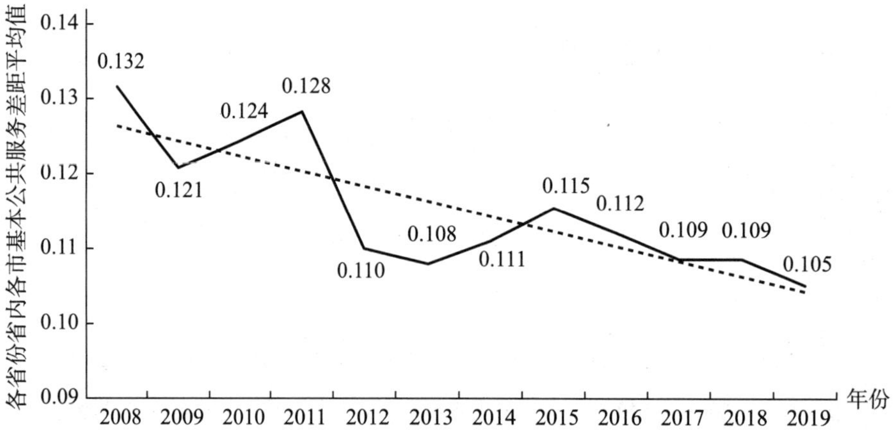

图 11-5　2008—2019 年各省份省内各市基本公共服务差距平均值的变动趋势

11.2　省内财政均衡性指数的省际比较

11.2.1　东部、中部、西部地区的对比

图 11－6 展示了 2019 年我国东部、中部、西部地区省内财政均衡性指数各分项指标的对比情况。整体来看，不同地区省内财政均衡性指数存在一定差异。省内各市人均财政收入差距方面，中部地区最小，为 0.283，显著小于西部地区和东部地区。省内各市人均财政支出的均衡程度方面，中部和西部省份的省内各市人均财政支出差距较小，均未超过 0.14，其均衡程度明显高于东部省份。从省内转移支付均等化力度来考量，西部地区的省内财政收入再分配程度最高，达到了 0.261。因此，尽管西部省份间在省内各市人均财政收入上存在较大差距，但其却成为省内各市人均财政支出最平衡的地区。此外，东部、中部、西部地区省内各市基本公共服务的均衡性大致相当，不存在明显的地区差异。

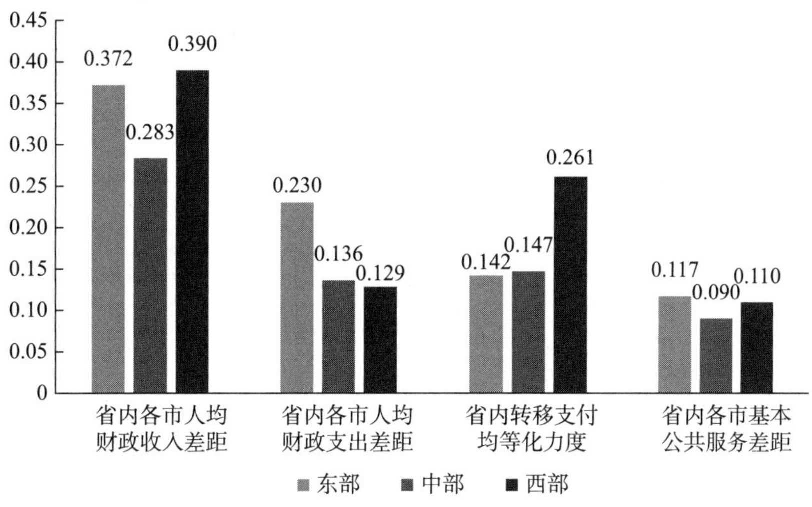

图 11－6　2019 年东部、中部、西部地区省内财政均衡性指数分项指标

11.2.2　分项指标的省际比较

1. 省内各市人均财政收入差距

图 11－7 展示了 2018 年和 2019 年各省份省内各市人均财政收入差距的情况。该指标为负向指标，其值越大，说明相应省份省内各市人均财政收入的均衡性越低。数据显示，2019 年江西、山西和吉林省内各市人均财政收入差距最小，分别

为 0.206、0.222 和 0.224。而广东 2019 年该指标为 0.633，远超其他省份，这很大程度上源于广东省内粤东西北地区与珠三角地区巨大的经济发展差距。

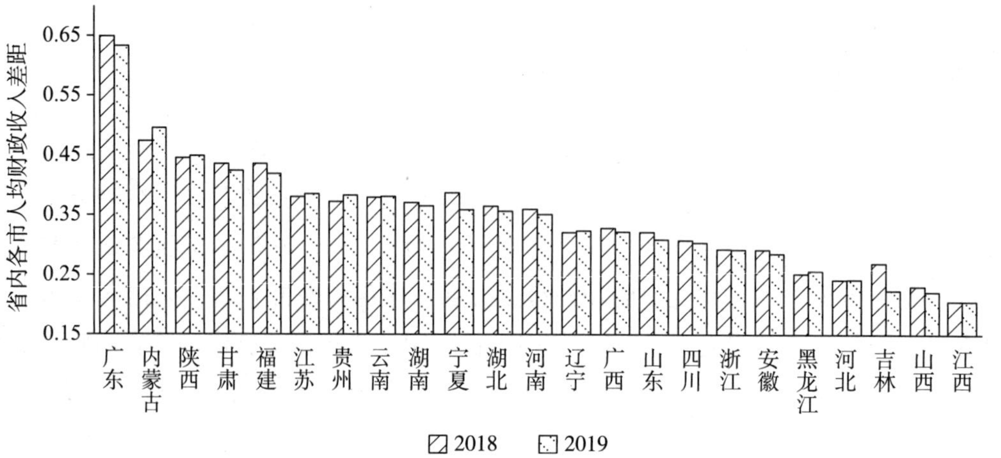

图 11-7　2018 年和 2019 年各省份省内各市人均财政收入差距

和 2018 年相比，吉林与宁夏在 2019 年较好地缩小了省内各市人均财政收入差距，该指标分别下降了 16.9%和 7.3%。而内蒙古的该指标却明显地进一步增大，增长了 4.6%。此外，图 11-8 进一步验证，省内各市经济发展水平越不均衡（以

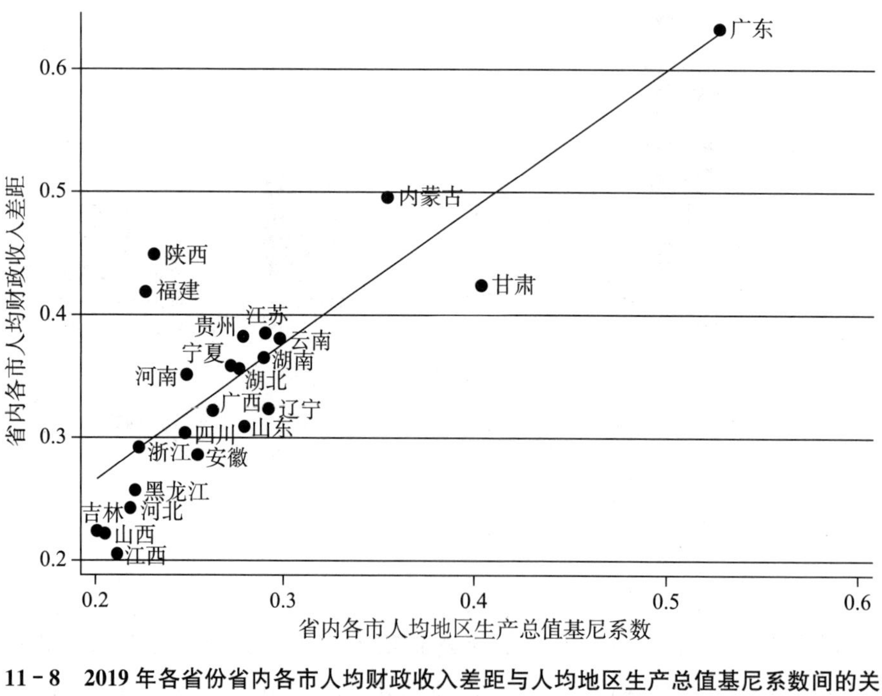

图 11-8　2019 年各省份省内各市人均财政收入差距与人均地区生产总值基尼系数间的关系

省内各市人均地区生产总值基尼系数衡量），省内各市人均财政收入就越不均衡，二者之间存在十分显著的正向相关关系。可见，经济发展水平对财政收入的影响是基础性的，各省份可以通过健全省内各市的区域合作互助机制，提高省内经济发展水平均衡性，从而缩小省内各市人均财政收入差距。

2. 省内各市人均财政支出差距

如图 11－9 所示，2019 年宁夏省内各市人均财政支出极为均衡，省内各市人均财政支出差距仅为 0.036。江西、山西、吉林和云南在该项指标上也表现优秀，均未超过 0.1，其中江西、山西与吉林在省内人均财政收入与人均财政支出均衡性排行中均位列前五。而广东的省内各市人均财政支出差距较大，与其省内各市人均财政收入差距一样，远超其他省份。此外，省内各市人均财政支出差距最大的四个省份均为东部省份，也可看出东部地区的省内各市人均财政支出差距要大于中部和西部地区。

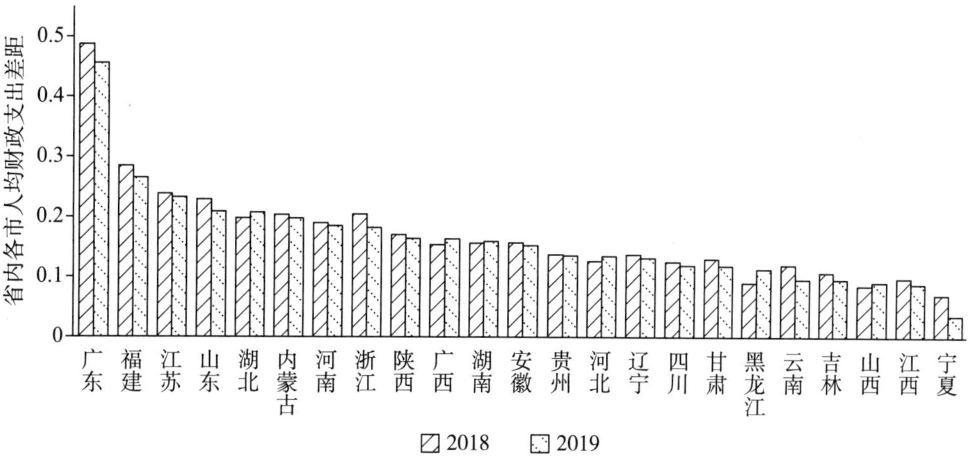

图 11－9　2018 年和 2019 年各省份省内各市人均财政支出差距

同 2018 年对比，全国大多数省份 2019 年省内各市人均财政支出差距缩小，其中宁夏、云南、浙江缩小得较为明显，分别下降了 49.1%、20.0%和 10.9%，尤其是宁夏在省内各市人均财政支出差距原本就较小的情况下进一步提高了均衡性。但黑龙江省内各市人均财政支出差距却大幅扩大，2019 年较 2018 年扩大了 25.3%。

3. 省内转移支付均等化力度

省内财政收入的再分配有利于调节初次分配时形成的省内各市收入分配差距，促进社会公正、公平，维护社会稳定。图 11－10 展示了 2018 年和 2019 年各省份省内转移支付均等化力度的情况。2019 年，宁夏、甘肃和内蒙古位列前 3，其省内转移支付均等化力度较大。山东、河北、浙江排在倒数 3 位，其省内财政收入再分配力度较小，当然这也与其省内各市人均财政收入差距本就较小，省内可推进转移支付均等化的空间不大有关。值得一提的是，省内转移支付均等化力度排名前 6 的省份均位于西部地区，西部省份省内财政收入再分配力度明显大于东部省份和中部省份。

相比于 2018 年，各省份 2019 年省内转移支付均等化力度的变化方向不一，但更多的省份加大了省内转移支付均等化力度，提高了省内财政收入的再分配力度。其中，浙江和内蒙古显著加大了再分配力度，增加幅度均超过 10%。而吉林却有所降低，2019 年省内转移支付均等化力度相较于 2018 年降低了 0.034，下降了 21.1%，这与其在 2019 年显著缩小了省内各市人均财政收入差距有关。

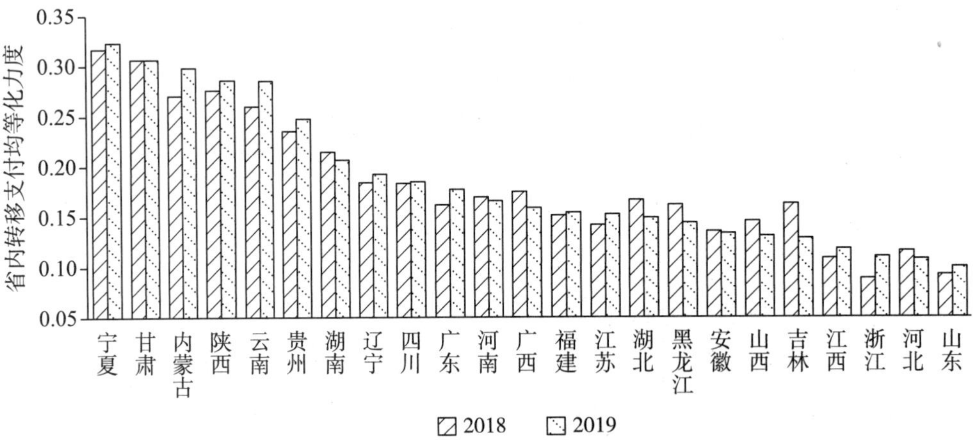

图 11-10　2018 年和 2019 年各省份省内转移支付均等化力度

4. 省内各市基本公共服务差距

图 11-11 给出了 2018 年和 2019 年省内各市基本公共服务差距的省际比较情况。2019 年，全国各省份省内各地级市的基本公共服务均等化程度较高，除广东外均未超过 0.15，说明在脱贫攻坚决战中，省内基本民生保障和社会公共服务均衡性较好，有利于社会的公平与公正。从数据上看，2019 年江西和陕西省内各市基本公共服务差距最小，分别为 0.063 和 0.065，东部、中部、西部地区省内各市基本公共服务差距也不存在明显的差异。

和 2018 年相比，2019 年黑龙江、甘肃、江苏等省份省内各市基本公共服务差距有所扩大，扩大幅度超过 30%。贵州省内各市基本公共服务差距显著缩小，2019 年相较 2018 年下降 41.4%，绝对数值降低了约 0.1，表明该省为实现基本公共服务均等化目标做出了较大努力。

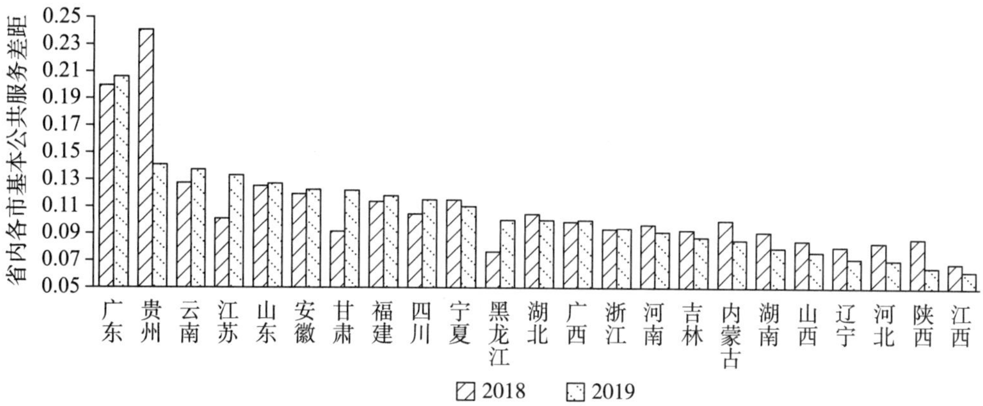

图 11-11　2018 年和 2019 年各省份省内各市基本公共服务差距

11.2.3　各省份省内财政均衡性指数的排名

图 11-12 给出了 2018 年和 2019 年各省份省内财政均衡性指数的变动情况。省内财政均衡性指数是由上述四个分项指标综合得出，指数值越大，表明相应省份省内财政运行情况越均衡。2019 年各省份省内财政均衡性指数平均值为 66.11，排名前三的省份分别是宁夏、江西和山西。省内财政均衡性指数差异较大，排名末位的广东仅为 29.29，而省内财政均衡性指数最高的宁夏为 81.55，接近广东省的 3 倍。并且，2019 年全国各省份省内财政均衡性指数也存在较为明显的地区差异，东部省份的省内财政均衡性指数普遍低于西部和中部省份，排名后四位的广东、福建、

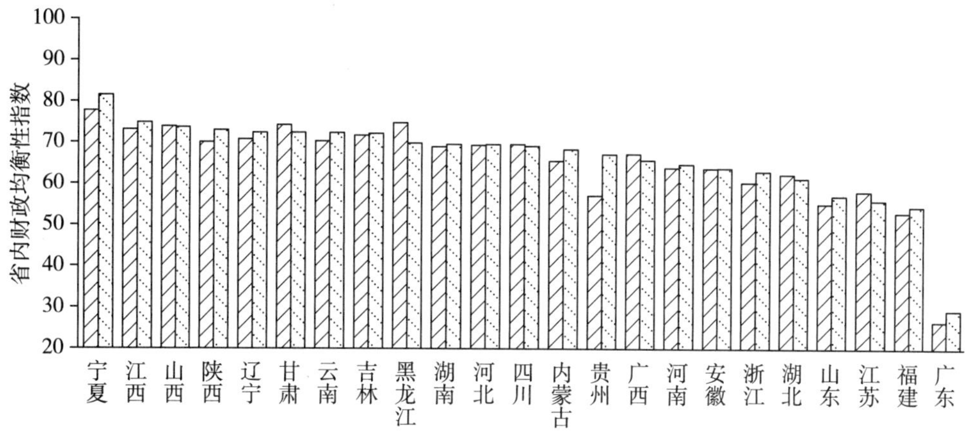

图 11-12　2018 年和 2019 年各省份省内财政均衡性指数

江苏和山东均为东部省份。作为参照，2018 年全国各省份省内财政均衡性指数平均值为 65.07，2019 年全国大多数省份的财政运行均衡情况相比 2018 年都取得了一定的进步，尤其是贵州与广东，指数增长率均超过 10%，全国各省份财政正朝着省内均衡的方向发展。

表 11－2 展示了 2018 年和 2019 年各省份省内财政均衡性指数的排名变化情况。相比 2018 年，2019 年有 9 个省份排名上升，其中陕西从第 9 名上升到第 4 名，贵州从第 20 名上升至第 14 名，这与这两个省份在 2019 年均显著缩小了省内各市基本公共服务差距有关。有 5 个省份在这两年排名保持不变，宁夏继续位列第 1，其指数值也有所提高。尽管广东与福建 2019 年仍然位列倒数两位，但其省内财政均衡性指数得到了一定的提高，财政也正向着省内均衡的方向发展。当然，这两个省份可以在保证财政运行稳定性的基础上进一步加大财政收入再分配力度，从而进一步提高均衡性。除此之外，还有 9 个省份省内财政均衡性指数排名下降。黑龙江从第 2 名下降到第 9 名，下滑幅度最大，究其原因在于：一方面，黑龙江在 2019 年降低了省内转移支付均等化力度；另一方面，其省内各市基本公共服务差距进一步拉大，均衡性出现了一定程度的下降。

表 11－2　2018 年和 2019 年各省份省内财政均衡性指数和排名

排名	2018 年		2019 年	
	省份	指数	省份	指数
1	宁夏	77.73	宁夏	81.55
2	黑龙江	74.69	江西	74.81
3	甘肃	74.19	山西	73.64
4	山西	73.84	陕西	72.94
5	江西	73.11	辽宁	72.35
6	吉林	71.66	甘肃	72.33
7	辽宁	70.74	云南	72.29
8	云南	70.24	吉林	72.12
9	陕西	70.02	黑龙江	69.79
10	四川	69.51	湖南	69.51
11	河北	69.29	河北	69.49
12	湖南	68.93	四川	69.08
13	广西	67.19	内蒙古	68.30
14	内蒙古	65.48	贵州	67.12

续表

排名	2018 年		2019 年	
	省份	指数	省份	指数
15	河南	63.85	广西	65.68
16	安徽	63.70	河南	64.70
17	湖北	62.28	安徽	63.74
18	浙江	60.30	浙江	62.97
19	江苏	58.13	湖北	61.29
20	贵州	57.10	山东	57.06
21	山东	55.14	江苏	55.94
22	福建	52.99	福建	54.46
23	广东	26.59	广东	29.29

11.3　省内财政均衡性指数小结

数据显示，近年来我国省内财政均衡性指数整体上呈现持续上升的良好态势。总体来看，各省份省内各市人均财政收入差距、省内各市人均财政支出差距和省内各市基本公共服务差距逐渐缩小，省内转移支付均等化力度逐渐加大，财政运行的均衡程度日益提高。横向比较看，东部省份省内财政的均衡性要弱于中部和西部省份，地区间存在一定的差异。

党的十九大报告提出，要“加快建立现代财政制度，建立权责清晰、财力协调、区域均衡的中央和地方财政关系”。尽管目前全国各省份省内财政均衡性水平逐渐提高，但与区域均衡的目标仍有一定距离。在近年来经济增速放缓，尤其是新冠疫情冲击带来经济下行压力的大背景下，我国财政正面临着前所未有的挑战。在运用更加积极的财政政策来释放经济活力，实施普惠性减税降费政策的同时，也不可避免地会带来地区间人均财政收入的差异。因此，基于本章中关于省内财政均衡性指数的分析，本报告提出以下建议：

第一，完善财政转移支付支持欠发达地区的机制，合理调节地区之间的财力分配。中央及地方政府应强化对财政资源的再分配力度，对自有财力较弱地区给予更多的转移支付支持，以夯实实现经济内循环的可靠基础。通过自上而下的纵向转移支付，使欠发达地区的可用财力与事权相一致。地方政府还可通过财政资金引导资本、人才等要素流动，以促进省内各区域协调发展。

第二，建立健全省份内全区域的战略统筹和区域合作互助机制，以促进省内各市共同发展。地方政府可以在一定程度上打破行政壁垒，消除限制省份内区域间要素自由流动的制度性障碍。加大各市在发展规划、基础设施、市场准入、要素流动等方面的协调互动力度，以此实现省份内各市的共同发展，从而在一定程度上提高省份内各市经济发展水平的均衡性。考虑到各市人均财政收入的均衡性与各市经济发展水平的均衡性高度相关，这样的区域合作互助机制也将有利于缩小地区间人均财政收入的差距。

第三，在保证人均财政支出均衡的前提下，优化支出结构，优先保障基本公共服务补短板。《中华人民共和国国民经济和社会发展第十四个五年规划和2035年远景目标纲要》中提出，到2035年，“基本公共服务实现均等化，城乡区域发展差距和居民生活水平差距显著缩小”。地方政府应优先保障基本公共服务建设支出，加大对欠发达地区基本公共服务建设的保障力度，缩小其与省内其他发达地区的差距，从而达成总体实现基本公共服务均等化的目标。

第十二章　城市财政发展指数

为全面衡量各地级市的财政运行状况，本部分构建了城市财政发展指数。城市财政发展指数由城市财政收入稳健指数、城市财政支出优化指数、城市债务可持续指数、城市基本公共服务指数四个方面指数构成。其中每个方面指数又由若干分项指标构成，共计 20 个分项指标。城市财政发展指数的具体构成如表 12－1 所示。

表 12－1　城市财政发展指数构成一览表

指标名称	指标方向	权重	指标类别	定义
1. 城市财政收入稳健指数		**100%**	**方面指数**	
1a 人均财政收入	正向	70%	分项指标	一般公共预算收入/人口
1b 税收收入占比	正向	10%	分项指标	税收收入/一般公共预算收入
1c 大税占比	正向	10%	分项指标	（增值税＋企业所得税＋个人所得税）/税收收入
1d 土地财政依赖度	负向	10%	分项指标	国有土地出让收入/一般公共预算收入
2. 城市财政支出优化指数		**100%**	**方面指数**	
2a 人均财政支出	正向	40%	分项指标	一般公共预算支出/人口
2b 教育支出占比	正向	10%	分项指标	教育支出/一般公共预算支出
2c 医疗支出占比	正向	10%	分项指标	医疗支出/一般公共预算支出
2d 社会保障支出占比	正向	10%	分项指标	社会保障支出/一般公共预算支出
2e 科技支出占比	正向	10%	分项指标	科技支出/一般公共预算支出
2f 环保支出占比	正向	10%	分项指标	环保支出/一般公共预算支出
2g 行政管理支出占比	负向	10%	分项指标	一般公共服务支出/一般公共预算支出

续表

指标名称	指标方向	权重	指标类别	定义
3. 城市债务可持续指数		**100%**	**方面指数**	
3a 显性负债率	负向	33.3%	分项指标	地方政府一般债券与专项债券余额之和/地区生产总值
3b 隐性负债率	负向	33.3%	分项指标	地方城投公司的有息债务余额/地区生产总值
3c 广义负债率	负向	33.3%	分项指标	显性负债率+隐性负债率
4. 城市基本公共服务指数		**100%**	**方面指数**	
4a 普通中学师生比	正向	20%	分项指标	普通中学教师数/普通中学在校学生数
4b 普通小学师生比	正向	20%	分项指标	普通小学教师数/普通小学在校学生数
4c 人均图书馆藏书量	正向	20%	分项指标	公共图书馆图书藏量/人口
4d 人均医生数	正向	20%	分项指标	执业（助理）医师数×10 000/人口
4e 人均实有城市道路面积	正向	20%	分项指标	年末实有城市道路面积/人口
城市财政发展总指数			**总指数**	**城市财政收入稳健指数×0.3+城市财政支出优化指数×0.3+城市债务可持续指数×0.2+城市基本公共服务指数×0.2**

绝大多数地级市数据来自历年《中国城市统计年鉴》，由于《中国城市统计年鉴》目前仅公布至 2019 年数据，因此本章城市财政发展指数数据仅呈现到 2019 年。另外有部分指标取自各地级市 2020 年统计年鉴以及各地级市 2019 年全市财政决算，地方城投公司的有息债务余额数据来自 Wind 数据库（详见本书附录“统计指标解释与数据来源”）。

12.1 城市财政发展总指数

2019 年城市财政发展总指数依旧呈现出较大的地区间不平衡：东部地区城市显著高于中部和西部地区城市，位于各区域中心的大城市普遍高于周边的中小城市。

如表 12 - 2 所示，2019 年城市财政发展总指数排名前 10 的城市依次为深圳、上海、克拉玛依、北京、东莞、苏州、珠海、厦门、广州、杭州。深圳在各个方面指数上全面领先，尤其是城市财政收入稳健指数、城市财政支出优化指数两个方面指数均取得全国第 1 的位置。与 2018 年相比，排名前 10 位城市的位次变化不大。此外，宁波、无锡、南京等长三角城市表现优秀，其城市财政发展总指数分别位列全国第 11、第 13 和第 19 位。中部地区城市中，武汉、合肥、芜湖、太原、晋城位列前 5。西部地区城市前 5 名分别为克拉玛依、林芝、拉萨、鄂尔多斯和乌海。

表 12－2　2019 年城市财政发展指数排名前 50 的城市

排名	城市	城市财政发展指数	排名	城市	城市财政发展指数
1	深圳	75.6	26	哈密	50.6
2	上海	66.5	27	大连	50.5
3	克拉玛依	66.0	28	天津	50.5
4	北京	64.3	29	榆林	50.4
5	东莞	62.4	30	嘉兴	50.3
6	苏州	60.6	31	惠州	50.2
7	珠海	60.2	32	芜湖	50.1
8	厦门	60.1	33	常州	49.5
9	广州	57.3	34	沈阳	49.5
10	杭州	56.8	35	烟台	49.4
11	宁波	56.3	36	淄博	49.2
12	林芝	56.2	37	乌鲁木齐	49.1
13	无锡	56.0	38	威海	48.9
14	拉萨	55.8	39	太原	48.9
15	鄂尔多斯	55.6	40	银川	48.3
16	中山	55.5	41	晋城	47.4
17	乌海	54.5	42	包头	47.3
18	佛山	54.3	43	济南	47.2
19	南京	53.0	44	大庆	47.2
20	东营	52.7	45	郑州	47.1
21	嘉峪关	52.6	46	廊坊	47.0
22	三亚	52.4	47	金昌	46.8
23	青岛	51.5	48	吐鲁番	46.5
24	武汉	51.3	49	福州	46.5
25	合肥	50.7	50	江门	46.4

12.2　城市财政收入稳健指数

12.2.1　东部、中部、西部地区对比

如表 12－3 所示，我国城市在财政收入方面存在显著的地区间差异，总体上东部地区明显强于中部与西部地区，且中部地区略强于西部地区，二者之间差距不

大。具体而言，东部、中部、西部地区城市在人均财政收入上存在较大差距，东部沿海地区城市的人均财政收入远大于内陆地区城市，2019 年东部、中部、西部地区城市人均财政收入平均值分别为 9 190.1 元、3 895.8 元和 4 397.2 元。相比于 2018 年，2019 年东部、中部、西部地区人均财政收入均有小幅提高，中部和西部地区与东部地区的人均财政收入差距也略有缩小。

在税收收入占比和大税占比两个分项指标上，总体上均呈现东部、中部、西部地区依次递减的态势。2019 年中部和西部地区城市财政收入质量相比 2018 年均有所提高，与东部地区的差距进一步缩小。

在土地财政依赖度方面，中部地区城市对土地财政的依赖度最低，2019 年平均值为 69.3%，而西部地区城市土地出让金占财政收入的比例最高，达到了 84.9%。2019 年，东部、中部、西部地区城市的土地财政依赖度均有较大幅度上升。特别是西部地区城市，土地财政依赖度平均值提高了 14.2 个百分点。

表 12－3　2018 年和 2019 年东部、中部、西部地区城市财政收入稳健指数情况

指标	东部地区		中部地区		西部地区	
	2019 年	2018 年	2019 年	2018 年	2019 年	2018 年
1. 城市财政收入稳健指数	46.8	46.9	36.6	36.0	34.2	34.5
1a 人均财政收入（元）	9 190.1	9 170.4	3 895.8	3 724.1	4 397.2	4 309.2
1b 税收收入占比（%）	75.5	76.3	68.3	67.8	65.8	65.7
1c 大税占比（%）	57.2	58.3	52.3	51.1	51.1	49.4
1d 土地财政依赖度（%）	81.3	74.7	69.3	62.0	84.9	70.7

12.2.2　重点城市对比

本章所定义的重点城市，包括直辖市（北京、天津、上海和重庆）、省会城市（不包括拉萨）、计划单列市（深圳、厦门、宁波、青岛和大连），以及苏州、无锡、珠海、东莞、佛山，共计 40 个城市。

从全部城市 2019 年财政收入稳健指数排名看，位于各区域中心的重点城市都表现更优。图 12－1 展示了各重点城市 2019 年的财政收入稳健指数。40 个重点城市中，排在全部城市财政收入稳健指数前 10 名的城市有 8 个，在前 50 名的有 34 个。4 个直辖市中，上海、北京排在前列，重庆财政收入稳健情况靠后。5 个计划单列市的排名依次为深圳、厦门、宁波、青岛和大连，且均排在全部城市前 30 名。省会城市中，杭州、南京、乌鲁木齐排名靠前，哈尔滨、南宁、西宁则排在倒数 3 位。

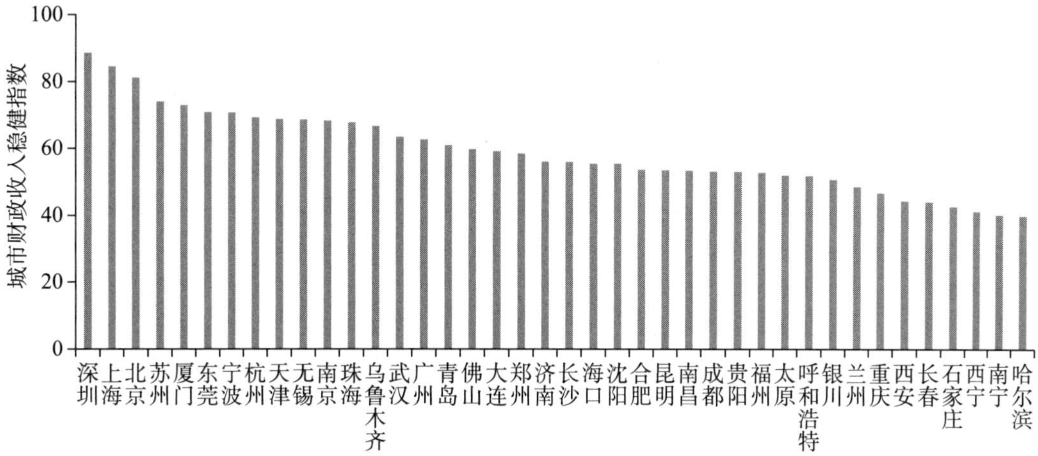

图 12－1　2019 年各重点城市的城市财政收入稳健指数

图 12－2 至图 12－5 分别展示了 2019 年各重点城市人均财政收入、税收收入占比、大税占比和土地财政依赖度 4 个分项指标的情况。总体来看，东部地区重点城市在各项排名中都领跑全国，中部和西部地区重点城市虽然在人均财政收入和财政收入质量方面与东部地区有较大差距，但在各自省份内仍位居前列，优于周边中小城市。重点城市在人均财政收入方面表现最为突出，平均值为 16 766 元，该水平在全部城市的人均财政收入排名中对应第 20 位。然而，重点城市的土地财政依赖度较大，有 14 个重点城市 2019 年的土地出让收入超过了一般公共预算收入，这些城市分别是西宁、昆明、福州、杭州、南宁、太原、珠海、海口、贵阳、西安、合肥、济南、武汉、郑州。相比 2018 年，2019 年中部和西部地区重点城市的土地财政依赖度排名大幅上升，全部重点城市平均土地财政依赖度也由 80.8%上升至 88.5%，提高了 7.7 个百分点。

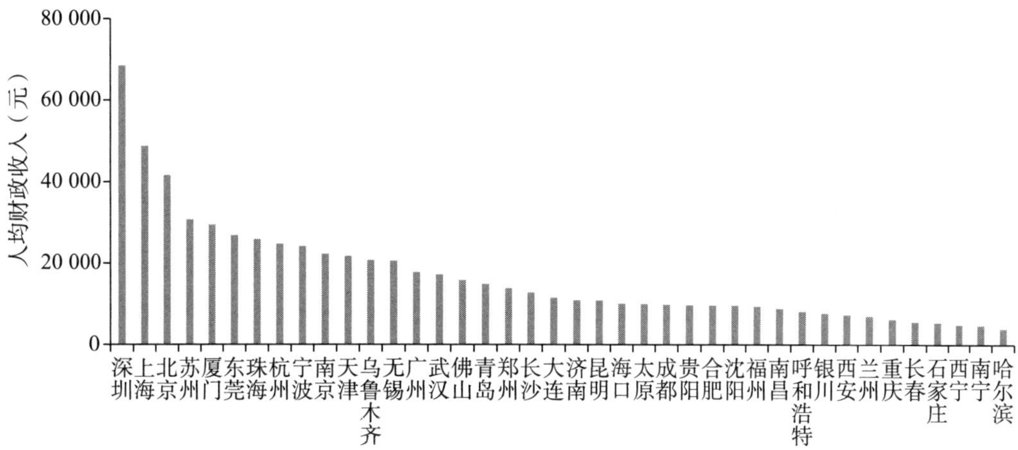

图 12－2　2019 年各重点城市人均财政收入

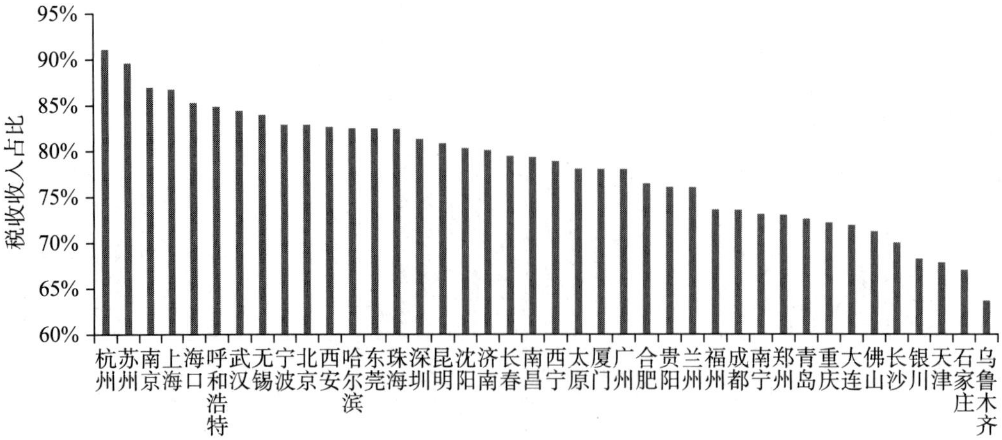

图 12-3　2019 年各重点城市税收收入占比

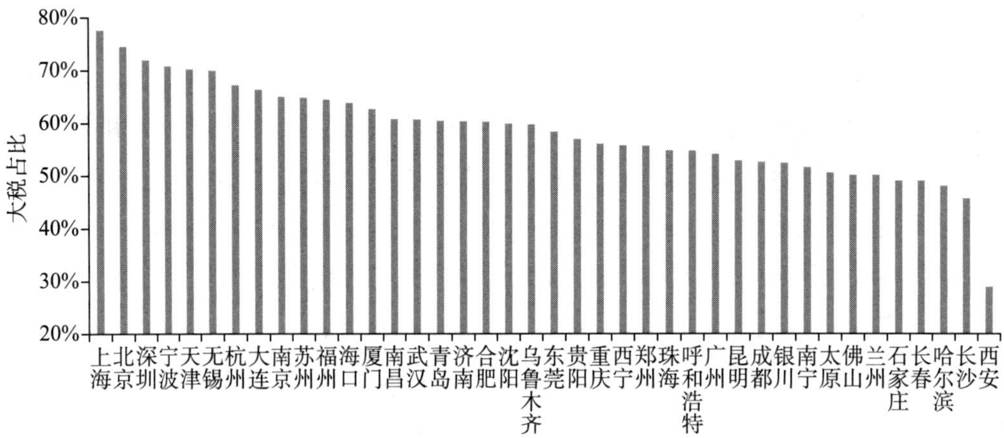

图 12-4　2019 年各重点城市大税占比

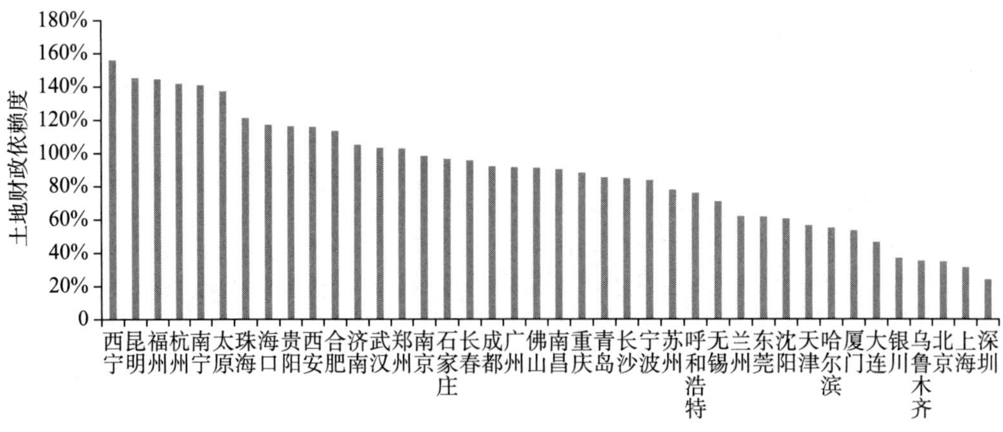

图 12-5　2019 年各重点城市土地财政依赖度

12.3 城市财政支出优化指数

12.3.1 东部、中部、西部地区对比

如表 12－4 所示，2019 年我国东部、中部、西部地区城市财政支出优化指数相比 2018 年均有不同程度提高，整体上依然呈现出“东部地区强于西部地区，中部地区垫底”的特征。

表 12－4 2018 年和 2019 年东部、中部、西部地区城市财政支出优化指数情况

指标	东部地区		中部地区		西部地区	
	2019 年	2018 年	2019 年	2018 年	2019 年	2018 年
2. 城市财政支出优化指数	36.2	35.0	32.8	31.3	33.9	33.5
2a 人均财政支出（元）	14 940.6	14 127.2	10 499.9	9 540.7	14 700.3	13 486.1
2b 教育支出占比（%）	17.5	17.6	15.2	15.6	16.6	16.8
2c 医疗支出占比（%）	9.0	9.2	9.3	9.6	9.4	9.2
2d 社会保障支出占比（%）	14.2	13.9	15.3	15.5	11.8	12.0
2e 科技支出占比（%）	2.7	2.5	2.0	1.9	0.9	0.9
2f 环保支出占比（%）	3.5	3.1	3.9	2.9	3.1	2.8
2g 行政管理支出占比（%）	10.0	9.6	9.7	9.4	9.9	8.9

人均财政支出方面，东部地区与西部地区基本持平，中部地区落后，地理上呈现出“中部凹陷”的特征。2019 年东部、中部、西部地区城市人均财政支出平均值分别为 14 940.6 元、10 499.9 元和 14 700.3 元。

教育支出占比同样呈现“中部凹陷”特征，2019 年东部、中部、西部地区城市教育支出占比分别为 17.5%、15.2%、16.6%。相对来说，教育资源更加稀缺的中部和西部地区教育投入占比反而更小，从长期来看，这不利于教育资源在全国范围内的均等化。

医疗支出占比方面，东部、中部、西部地区城市较为一致，2019 年西部地区稍高，为 9.4%，东部与中部地区分别为 9.0%和 9.3%。

社会保障支出占比方面，2019 年中部地区最高，为 15.3%，东部地区其次，为 14.2%，西部地区为 11.8%。社会保障支出占比高并不一定意味着人民生活的保障体系更加完善，还可能意味着社保基金预算存在收支缺口压力。随着近年来中部和西部地区年轻人口向东部地区流动，中部和西部地区人口老龄化问题日益严重，而这也会加剧中部和西部地区的社会保障负担。

科技支出占比按东部、中部、西部地区的顺序依次递减，2019 年东部、中部、西部地区城市的平均值分别为 2.7%、2.0%和 0.9%。

2019 年环保支出占比东部、中部、西部地区大致相当，分别为 3.5%、3.9%、3.1%。其中，中部地区城市平均环保支出占比有较大幅提升，从 2018 年的 2.9% 上升至 2019 年的 3.9%。

2019 年东部、中部、西部地区行政管理支出占比分别为 10.0%、9.7%和 9.9%，相比 2018 年，2019 年东部、中部、西部地区城市的行政管理支出占比均有不同程度上升。

12.3.2 重点城市对比

图 12－6 给出了 2019 年各重点城市的城市财政支出优化指数情况，各重点城市依旧表现出色。2019 年排在全国城市前 10 名的均为重点城市，前 50 名中有 21 个重点城市。4 个直辖市中，北京、上海分列第 2 名和第 3 名，天津第 8 名，重庆第 55 名。5 个计划单列市的排名依次为深圳、厦门、宁波、大连和青岛，与 2018 年一致。省会城市中广州、杭州、武汉排名靠前，兰州、长春、南宁排在倒数 3 位。总体上，东部地区重点城市依旧优势明显，中部和西部地区重点城市相对省内其他城市排名更靠前。

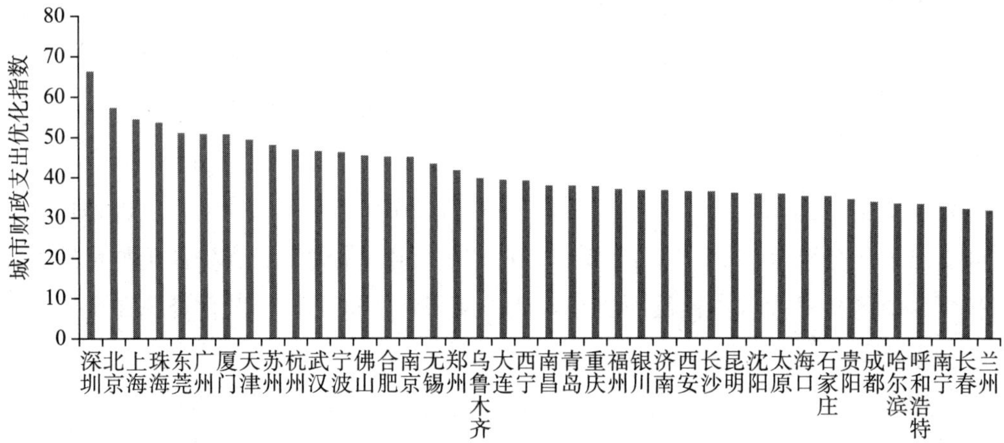

图 12－6　2019 年各重点城市的城市财政支出优化指数

图 12－7 至图 12－13 分别展示了 2019 年各重点城市人均财政支出、教育支出占比、医疗支出占比、社会保障支出占比、科技支出占比、环保支出占比以及行政管理支出占比。重点城市的人均财政支出平均值为 23 210 元，该水平在全部城市人均财政支出的排名中对应第 27 位。在教育支出占比、医疗支出占比和社会保障支出占比上，

重点城市大多排在后50%。科技支出占比方面，重点城市再次领先，平均值为4.34%。而在环保支出占比和行政管理支出占比上，重点城市与其他城市大致相当。

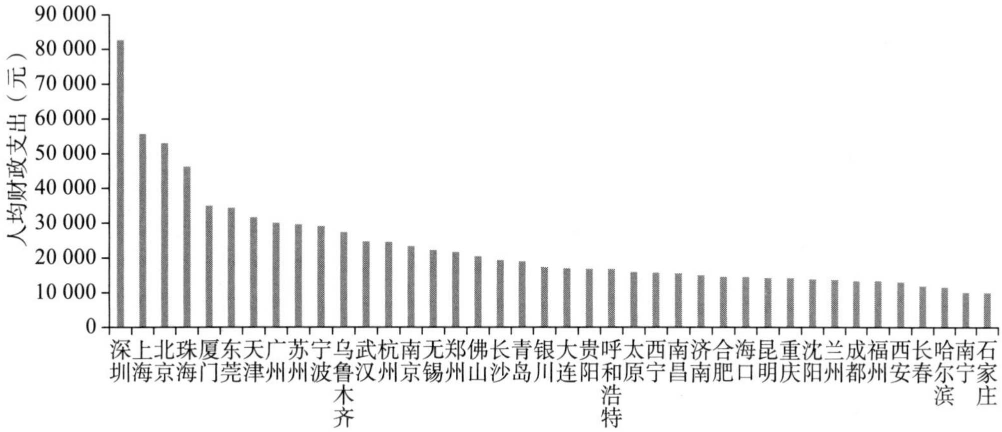

图 12-7 2019 年各重点城市人均财政支出

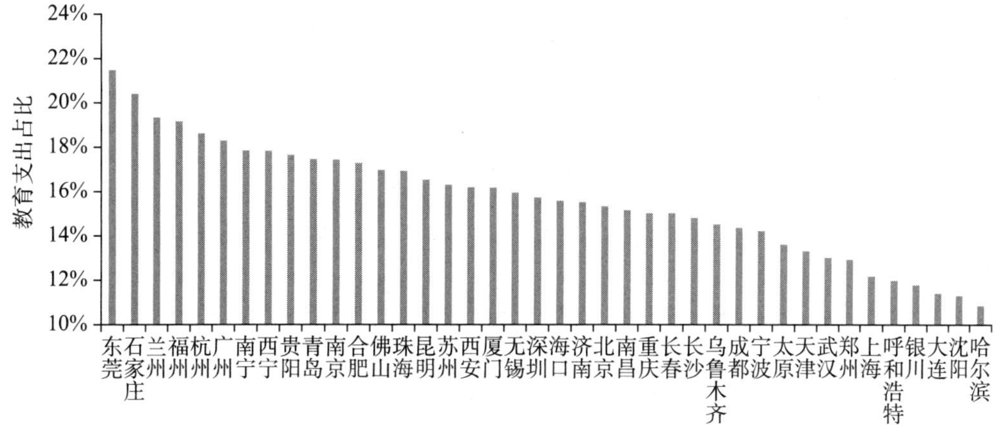

图 12-8 2019 年各重点城市教育支出占比

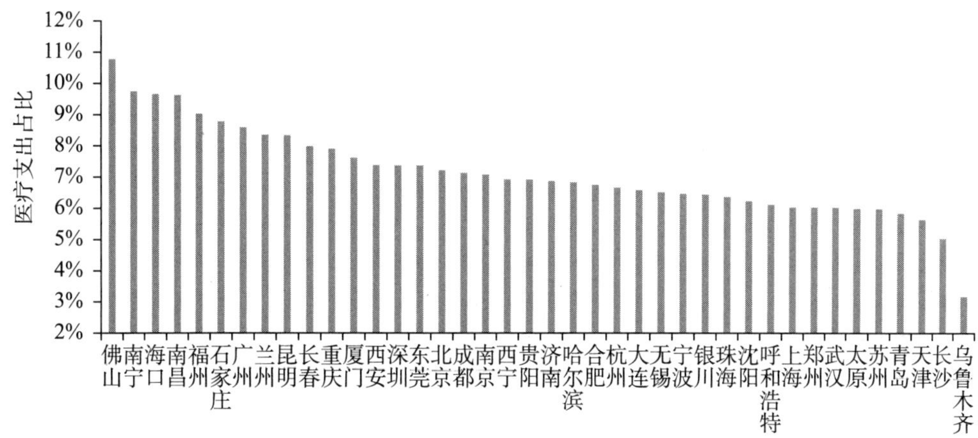

图 12-9 2019 年各重点城市医疗支出占比

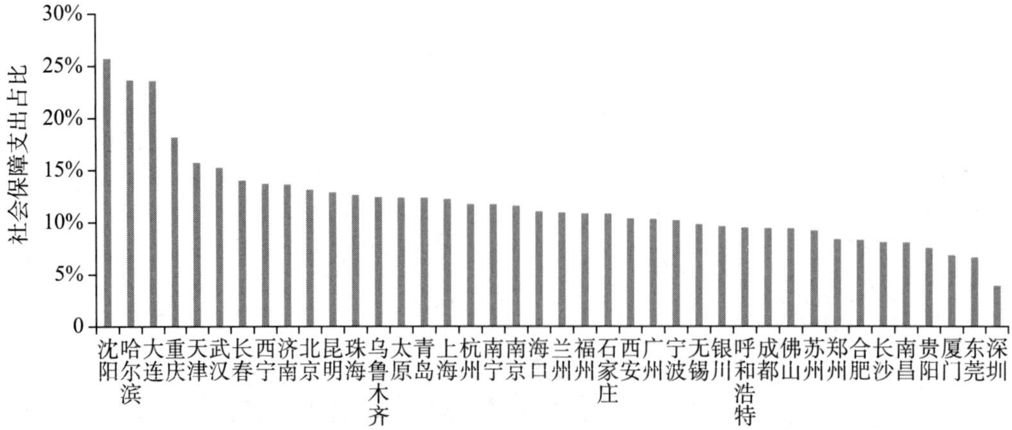

图 12-10　2019 年各重点城市社会保障支出占比

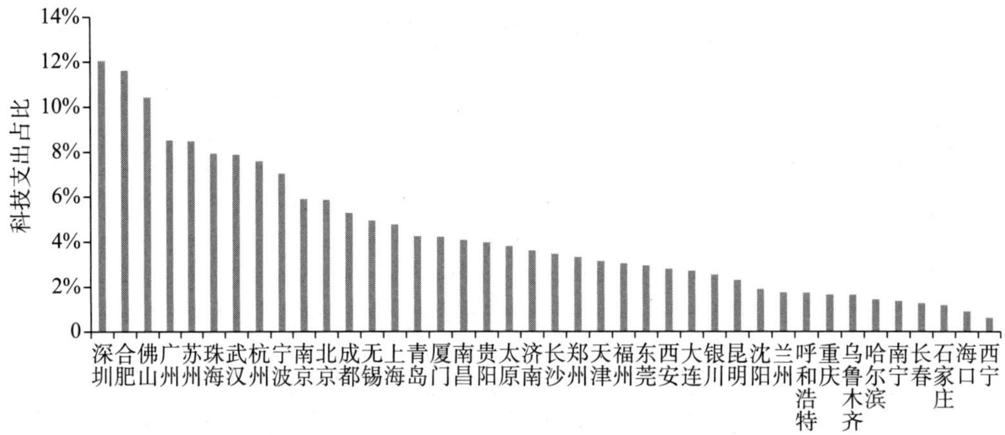

图 12-11　2019 年各重点城市科技支出占比

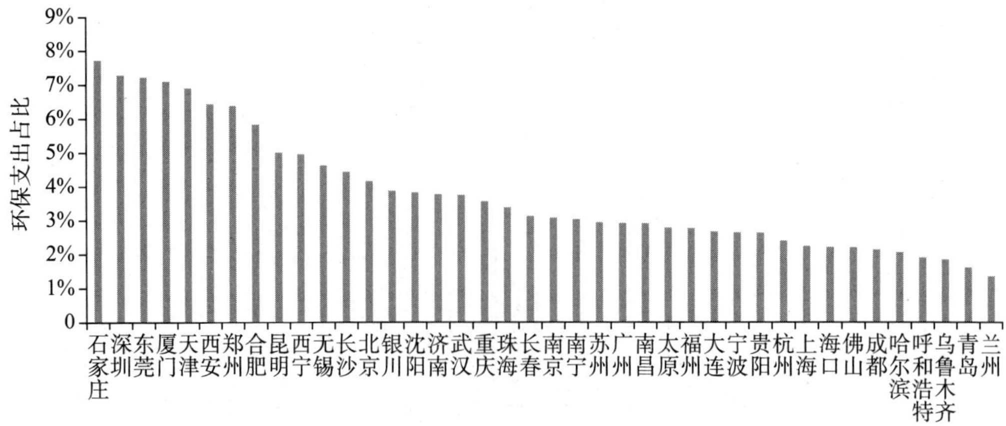

图 12-12　2019 年各重点城市环保支出占比

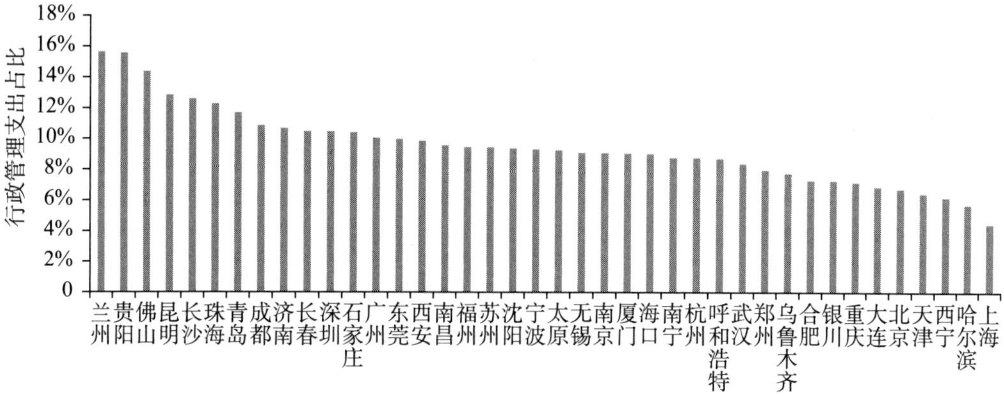

图 12-13　2019 年各重点城市行政管理支出占比

12.4　城市债务可持续指数

12.4.1　东部、中部、西部地区对比

如表 12-5 所示，总体上我国中部地区城市的债务可持续性最强，东部地区次之，西部地区垫底。在各分项指标上，也大致呈现出中部地区强于东部地区，东部地区又强于西部地区的特征。2019 年，东部、中部、西部地区城市的显性负债率分别为 21.6%、19.8%、26.1%，隐性负债率分别为 27.6%、24.2%、26.5%。广义负债率是前两项指标的加总，东部、中部、西部地区城市平均值分别为 49.2%、44.0%、52.7%。在东部、中部、西部地区层面上，每个地区的隐性债务均多于显性债务。2019 年东部、中部、西部地区城市的负债率均呈现上升态势，特别是东部地区城市的隐性负债率有较大幅度上升。

表 12-5　2018—2019 年东部、中部、西部地区城市债务可持续指数情况

指标	东部地区		中部地区		西部地区	
	2019 年	2018 年	2019 年	2018 年	2019 年	2018 年
3. 城市债务可持续指数	80.3	83.3	82.3	84.7	77.9	79.8
3a 显性负债率（%）	21.6	19.2	19.8	16.8	26.1	24.0
3b 隐性负债率（%）	27.6	21.8	24.2	22.0	26.5	24.4
3c 广义负债率（%）	49.2	41.0	44.0	38.8	52.7	48.4

12.4.2　重点城市对比

2019 年各重点城市的城市债务可持续指数呈现在图 12-14 中。2019 年重点城市在债务可持续方面表现不佳，相比2018年整体排名有所下降。排在全国城市前50名的重点城市仅有东莞、深圳、佛山。值得注意的是，倒数10名的城市中有9个重点城市，分别为贵阳、南宁、昆明、兰州、海口、天津、乌鲁木齐、成都和西安。4个直辖市除上海位列全国前50%以内之外，重庆、北京、天津的排名均位于倒数50名内。5个计划单列市的排名依次为深圳、青岛、厦门、大连、宁波。省会城市中合肥、银川、沈阳排名相对靠前。整体看，东部和中部地区重点城市表现稍好，西部地区重点城市无论是从全国范围看，还是相对省内其他城市而言，都面临更大的债务压力。

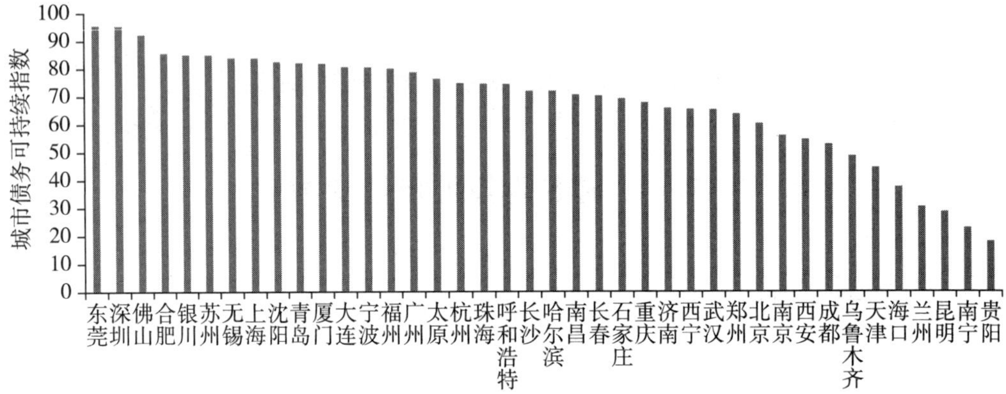

图12-14　2019年各重点城市的城市债务可持续指数

图12-15、图12-16和图12-17分别给出了2019年各重点城市的显性负债率、隐性负债率以及广义负债率。重点城市的显性负债率平均值为20.1%，比2018年上升了1.1个百分点，在全部城市排名中处于后一半的水平。重点城市的隐性负债率平均值为75.6%，相较2018年大幅提高了10.1个百分点，排名位居全国垫底位置。全国全部城市中隐性负债率最高的10个城市均为重点城市。

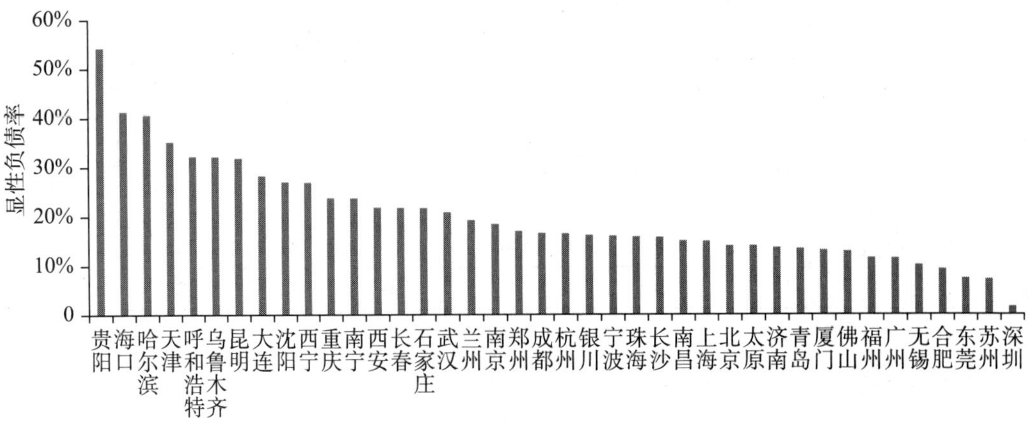

图12-15　2019年各重点城市显性负债率

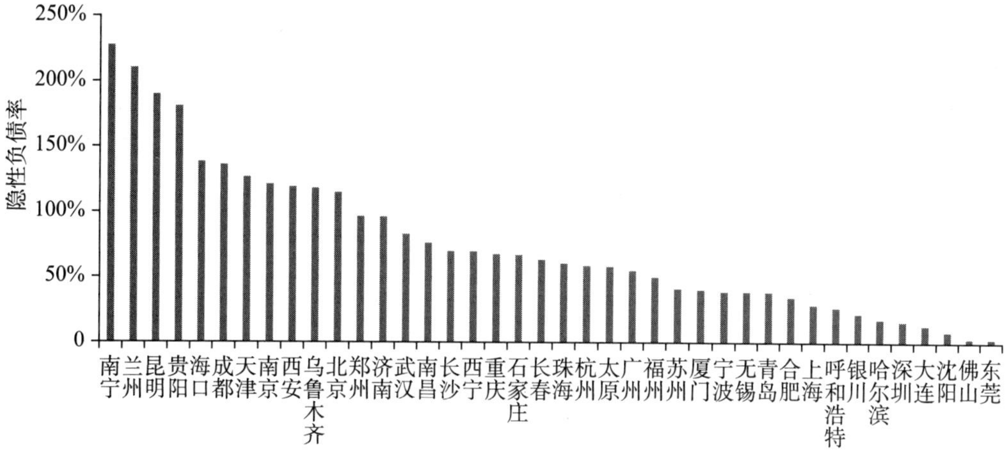

图 12－16　2019 年各重点城市隐性负债率

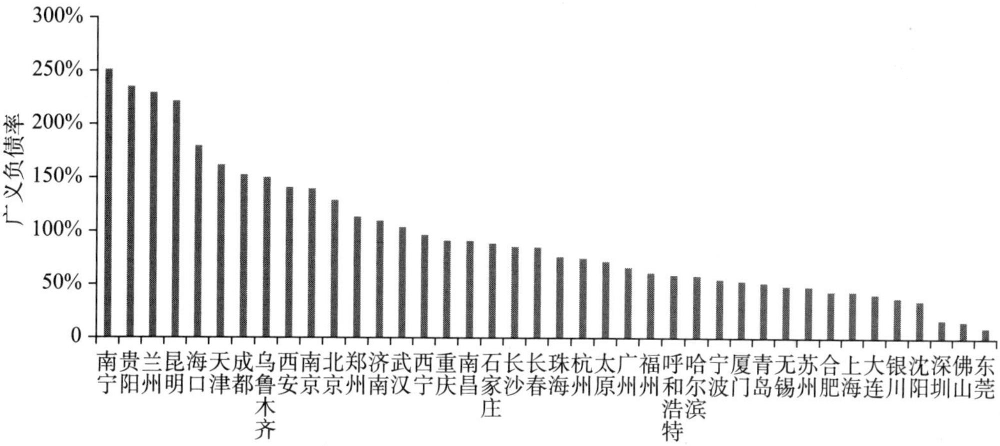

图 12－17　2019 年各重点城市广义负债率

12.5　城市基本公共服务指数

12.5.1　东部、中部、西部地区对比

如表 12－6 所示，2019 年我国东部地区的城市基本公共服务指数最高，西部地区略高于中部地区。

在各分项指标上，2019 年，除师生比指标外，其他指标均呈现出“中部凹陷”的特征。在基本教育供给方面，从普通中学师生比和普通小学师生比两项指标来看，东部、中部、西部地区差异不明显。而在文化生活服务上，东部地区城市的人均图书馆藏书量为1.25册，是垫底的中部地区的两倍以上。在医疗服务方面，人均医生数东部地区优势非常明显，每万人拥有医生32.1人，而中部、西部地区则分别为24.5人、26.8人。在反映城市基础设施建设水平的人均实有城市道路面积指标上，东部、中部、西部地区分别为6.54平方米、4.04平方米、5.75平方米。

表12-6　2018—2019年东部、中部、西部地区城市基本公共服务指数情况

指标	东部地区		中部地区		西部地区	
	2019年	2018年	2019年	2018年	2019年	2018年
4. 城市基本公共服务指数	22.2	21.6	18.0	17.0	19.5	18.3
4a 普通中学师生比	0.086	0.087	0.085	0.083	0.082	0.083
4b 普通小学师生比	0.061	0.061	0.062	0.062	0.063	0.063
4c 人均图书馆藏书量（册）	1.25	1.09	0.54	0.47	0.73	0.63
4d 人均医生数（人）	32.1	30.7	24.5	23.3	26.8	24.2
4e 人均实有城市道路面积（平方米）	6.54	6.46	4.04	3.91	5.75	5.06

注：人均医生数指每万人口拥有的医生人数。

12.5.2　重点城市对比

2019年重点城市在城市基本公共服务指数方面表现出色，图12-18呈现了各重点城市2019年城市基本公共服务指数。排在全国城市前10名的重点城市有5个，排在全国城市前50名的重点城市有21个。4个直辖市中，北京、上海、天津跻身全国城市排名前50之内，而重庆在所有重点城市中排最后1位。5个计划单列市的排名依次为深圳、厦门、青岛、宁波、大连。省会城市中，南京、广州、乌鲁木齐、太原、杭州排名相对靠前。整体看，东部地区重点城市整体更优，中部和西部地区重点城市尽管稍稍落后，但相对省内其他城市而言，仍在基本公共服务方面表现更好。

图12-19至图12-23给出了2019年各重点城市普通中学师生比、普通小学师生比、人均图书馆藏书量、人均医生数、人均实有城市道路面积等5个分项指标的原始数据。2019年重点城市普通中学、普通小学师生比平均值分别为0.086和0.056，排在全国后50%。重点城市人均图书馆藏书量平均值为2.06册，每万人拥有医生数平均值为49人，人均实有城市道路面积平均值为12.8平方米，均处于全国城市前30位之内，相比其他中小城市优势明显。

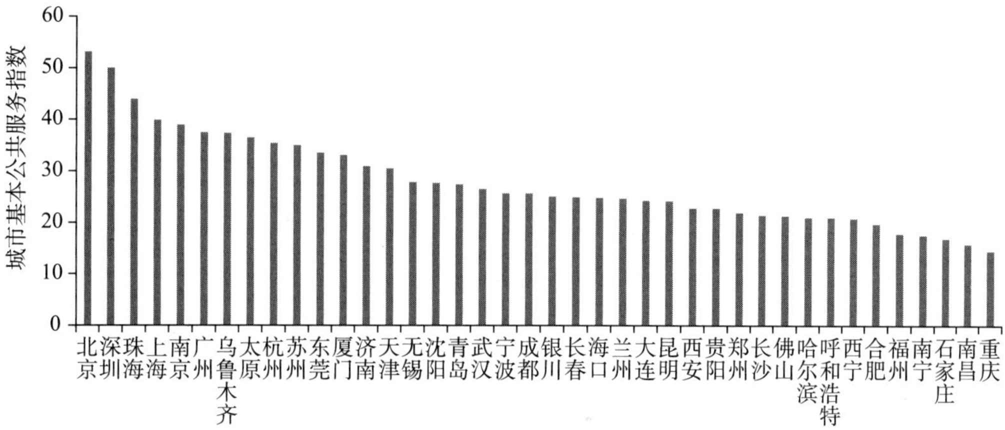

图 12－18　2019 年各重点城市的城市基本公共服务指数

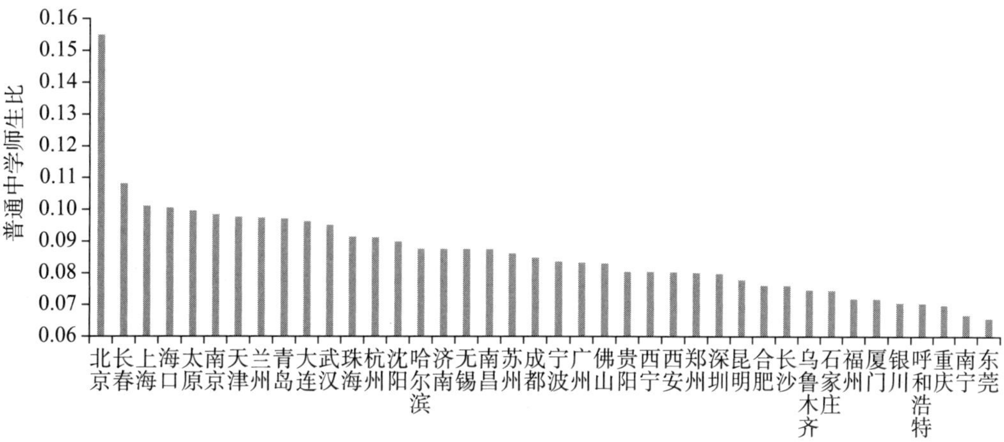

图 12－19　2019 年各重点城市普通中学师生比

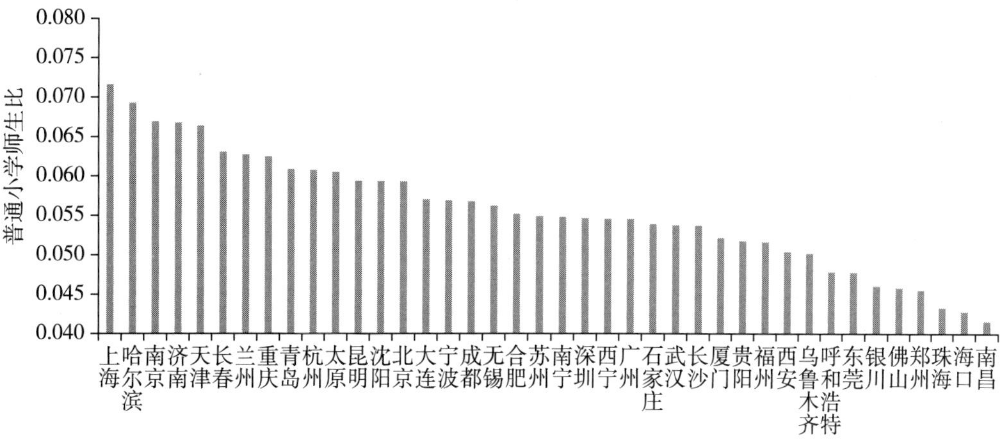

图 12－20　2019 年各重点城市普通小学师生比

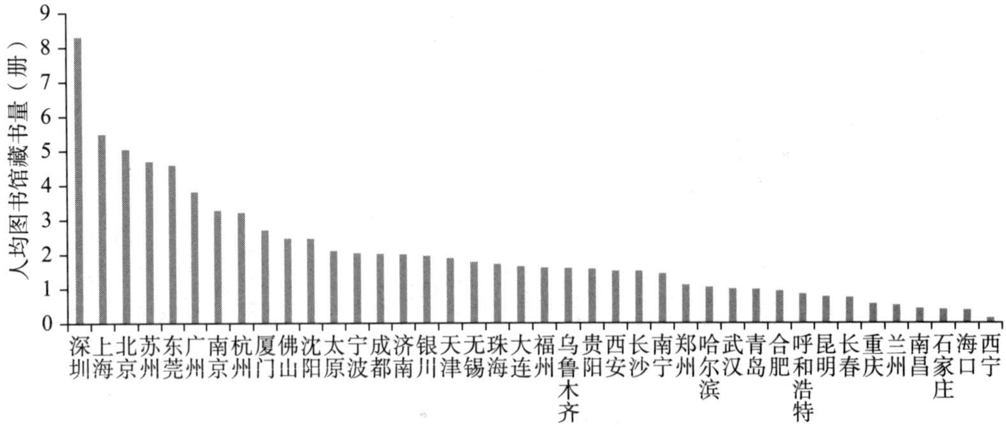

图 12－21　2019 年各重点城市人均图书馆藏书量

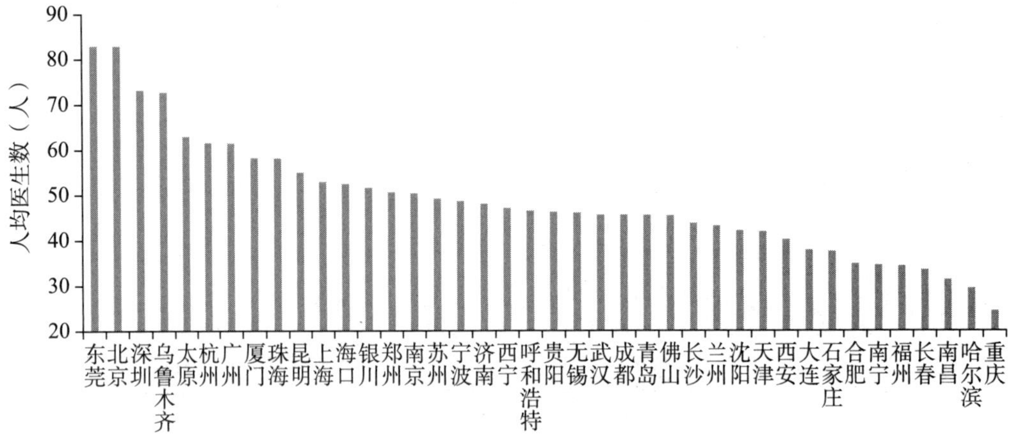

图 12－22　2019 年各重点城市人均医生数

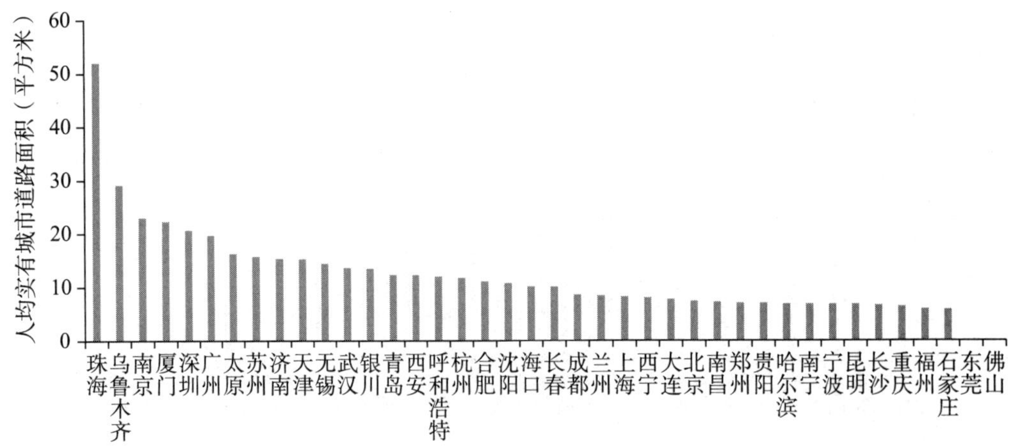

图 12－23　2019 年各重点城市人均实有城市道路面积

12.6　城市财政发展指数小结

本章从财政收入、财政支出、政府债务、基本公共服务四个维度全面衡量了中国各地级市 2019 年财政发展情况。总览各城市财政发展指数情况，其有如下特征：

第一，大城市拥有更加丰富的财政资源。

大城市经济发达，有着更高的人均地区生产总值、人均财政收入和人均财政支出，负债水平也远超中小城市，并且在基本公共服务提供方面也做得更好。北京、上海、广州、深圳四个一线城市在除债务可持续指数外的各个方面指数上均名列前茅，其他重点城市也有不错的表现。

第二，东部地区城市财政发展水平更高。

城市财政发展水平呈现空间上的不平衡性。总体来看，东部地区城市财政发展指数显著高于中部和西部地区城市。在财政收入方面，人均财政收入从东部沿海地区到中西部内陆地区依次降低。在政府债务方面，中部地区城市的负债水平更低。而在财政支出和基本公共服务上，相关指标均呈现出“中部凹陷”的特征，即东部地区最强，西部地区次之，中部地区垫底。

第三，土地财政与政府债务问题加重。

相比 2018 年，2019 年各城市土地财政依赖度以及政府债务水平显著提高，特别是对于中部和西部地区重点城市而言，该问题尤为突出。大城市政府债务的快速积累以及土地财政依赖度的提高，不利于宏观经济风险的化解以及高房价等民生问题的解决。

附录　统计指标解释与数据来源

一、财政收入稳健指数的分项指标说明

1. 人均财政收入：指地区内人均一般公共预算收入，用于衡量地区财力充裕水平。数据来源：《中国统计年鉴》。

2. 税收收入占比：指税收收入占一般公共预算收入的比重，用于衡量地区财政收入结构和规范化水平。数据来源：《中国统计年鉴》。

3. 大税占比：在 2017 年全面“营改增”前，该指标指增值税、营业税、企业所得税和个人所得税四大税种收入占税收收入的比重；在全面“营改增”后，该指标指增值税、企业所得税和个人所得税三大税种收入占税收收入的比重。该指标用于衡量与经济增长密切相关的大税种收入所占比重。数据来源：《中国统计年鉴》。

4. 土地财政依赖度：指地区土地出让收入占一般公共预算收入的比重，用于反映该地区对土地财政的依赖程度以及通过土地出让获取的收入的占比。数据来源：2017 年及以前数据来源于《中国国土资源统计年鉴》，2018 年及以后数据来源于决算报告或预算执行情况报告。

二、财政支出优化指数的分项指标说明

1. 人均财政支出：指人均一般公共预算支出，用于反映地方政府人均财政支出总量。数据来源：《中国统计年鉴》。

2. 教育支出占比：指地方政府一般公共预算支出中教育支出的占比，用于反

映地方政府对教育的重视程度，是民生性财政支出的重要指标之一。数据来源：《中国统计年鉴》。

3. 医疗支出占比：指地方政府一般公共预算支出中医疗支出的占比，用于反映地方政府对医疗的重视程度，是民生性财政支出的重要指标之一。数据来源：《中国统计年鉴》。

4. 社会保障支出占比：指地方政府一般公共预算支出中社会保障支出的占比，用于反映地方政府对社会保障支出责任的承担情况，是民生性财政支出的重要指标之一。数据来源：《中国统计年鉴》。

5. 科技支出占比：指地方政府一般公共预算支出中科技支出的占比，用于反映地方政府对科技发展的重视程度。数据来源：《中国统计年鉴》。

6. 环保支出占比：指地方政府一般公共预算支出中环保支出的占比，用于反映地方政府在发展"绿色经济"方面所做的努力。数据来源：《中国统计年鉴》。

7. 行政管理支出占比：指地方政府一般公共预算支出中行政管理支出（用一般公共服务支出衡量）的占比，用于反映地方政府行政管理能力与效率的高低。数据来源：《中国统计年鉴》。

8. 财政投资性支出占比：指地方政府一般公共预算支出中财政投资性支出（用固定资产投资资金来源中的"国家预算资金"衡量）的占比，用于反映地方政府的投资倾向。数据来源：《中国统计年鉴》。

三、债务可持续指数的分项指标说明

1. 显性负债率：指地方政府一般债券与专项债券余额之和与地区生产总值的比值，用于反映地方政府负有偿还责任的负债水平。数据来源：财政部、《中国统计年鉴》。

2. 显性债务率：指地方政府一般债券与专项债券余额之和与地方一般公共预算收入、转移支付收入以及地方政府性基金收入之和的比值，用于反映地方政府负有偿还责任的债务占地方政府财力的比重。数据来源：财政部、各省份财政决算。

3. 广义负债率：指地方政府一般债券与专项债券余额之和再加上城投有息债务余额与地区生产总值的比值，用于反映地方政府整体的负债水平。数据来源：财政部、Wind 数据库、《中国统计年鉴》。

4. 广义债务率：指地方政府一般债券与专项债券余额之和再加上城投有息债务余额与地方一般公共预算收入、转移支付收入以及地方政府性基金收入之和的比值，用于反映地方政府整体负债占地方政府财力的比重。数据来源：财政部、Wind数据库、各省份财政决算。

5. 一般债利息负担率：指地方政府一般债务付息支出与当年一般公共预算支出的比值，用于反映地方政府一般债务的还债压力。数据来源：各省份财政决算。

6. 专项债利息负担率：指地方政府专项债务付息支出与当年政府性基金预算支出的比值，用于反映地方政府专项债务的还债压力。数据来源：各省份财政决算。

四、社保基金可持续指数的分项指标说明

1. 养老保险抚养比：指城镇职工养老保险参保人员当中的退休人数与在职职工人数之比，用于衡量地区养老保险可持续水平。数据来源：《中国统计年鉴》。

2. 养老保险基金盈余率：指城镇职工养老保险基金当年盈余占当年收入的比重，用于衡量地区养老保险盈余水平。数据来源：《中国统计年鉴》。

3. 养老保险基金人均累计结余：指城镇职工养老保险基金累计结余与参保人数之比，用于衡量地区养老保险可持续水平。数据来源：《中国统计年鉴》。

4. 医疗保险基金盈余率：指城镇职工基本医疗保险基金当年盈余占当年收入的比重，用于衡量地区医疗保险盈余水平。数据来源：《中国统计年鉴》。

五、预算管理规范指数的分项指标说明

1. 财政支出预决算偏离度：指决算执行的结果与预算编制的偏离程度，用于反映政府预算的总额控制能力。数据来源：《中国统计年鉴》以及各省份预算执行情况和预算草案。

2. 审计违规金额占比：指地方政府当年审计违规金额占当年一般公共预算支出决算数的比例，用于反映政府部门是否合规、有效地执行了预算。数据来源：《中国审计年鉴》。

3. 财政透明度：采用清华大学及四川大学编写的中国市级政府财政透明度研究系列报告中的数据，本报告取各省份所有的地级市透明度得分均值作为该省份的财政透明度得分，反映了每个省份的财政信息公开透明程度。数据来源：《中国市级政府财政透明度研究报告》。

六、基本公共服务指数的分项指标说明

1. 义务教育生师比：指义务教育阶段每位教师平均所教的学生数，用于反映义务教育阶段教师数量充足程度。数据来源：《中国统计年鉴》。

2. 每千人口卫生技术人员：指每千名年末常住人口拥有的卫生技术人员数，用于反映一个国家或地区的医疗卫生资源水平。数据来源：《中国统计年鉴》。

3. 人均图书馆藏书量：指居民人均拥有的公共图书馆图书藏量，用于反映一个国家或地区的公共文化服务资源水平。数据来源：《中国统计年鉴》。

4. 道路覆盖率：指年末实有道路面积相比行政区域土地面积的大小，用于反映一个国家或地区的基础设施建设情况。数据来源：《中国统计年鉴》。

5. 每千人口民政机构床位数：指每千名年末常住人口拥有的民政机构床位数，用于反映一个国家或地区的民政服务资源水平。数据来源：《中国统计年鉴》。

七、省内财政均衡性指数的分项指标说明

1. 省内各市人均财政收入差距：指省内各地级市人均财政收入的基尼系数，用于反映一个省份内部的财政收入的不均衡程度。数据来源：《中国城市统计年鉴》。

2. 省内各市人均财政支出差距：指省内各地级市人均财政支出的基尼系数，用于反映一个省份内部的财政支出的不均衡程度。数据来源：《中国城市统计年鉴》。

3. 省内转移支付均等化力度：指省内各市人均财政支出的基尼系数与省内各市人均财政收入的基尼系数的差值，用于反映一个省份内部财政收入的再分配程度。数据来源：《中国城市统计年鉴》。

4. 省内各市基本公共服务差距：指省内各地级市基本公共服务指数的基尼系数值，用于反映一个省份内部的基本公共服务的不均衡程度。数据来源：《中国城市统计年鉴》。

八、城市财政发展指数分项指标说明

1. 人均财政收入：指地级市全市人均一般公共预算收入，用于衡量各地级市财力充裕水平。其中，人口数据采用年末户籍人口数（下同）。地方一般公共预算收入和年末户籍人口数均来自《中国城市统计年鉴》。

2. 税收收入占比：指地级市全市税收收入占一般公共预算收入的比重，用于衡量各地级市财政收入结构和规范化水平。数据来源：各省统计年鉴、各地级市全市一般公共预算决算表格、《中国城市统计年鉴》。

3. 大税占比：指地级市全市增值税、企业所得税和个人所得税三大税种收入占税收收入的比重，用于衡量与经济增长密切相关的大税种收入所占比重。数据来源：各省统计年鉴、各地级市全市一般公共预算决算表格。

4. 土地财政依赖度：指地级市全市国有土地出让收入占一般公共预算收入的比重，用于反映该地区对土地财政的依赖程度以及通过土地出让获取的收入的占比。数据来源：Wind数据库、各地级市全市政府性基金预算决算表格、《中国城市统计年鉴》。

5. 人均财政支出：指地级市全市人均一般公共预算支出，用于反映地方政府人均财政支出总量。数据来源：《中国城市统计年鉴》。

6. 教育支出占比：指地级市全市一般公共预算支出中教育支出的占比，用于反映地方政府对教育的重视程度。数据来源：《中国城市统计年鉴》。

7. 医疗支出占比：指地级市全市一般公共预算支出中医疗支出的占比，用于反映地方政府对医疗的重视程度。数据来源：各省份统计年鉴、各地级市全市一般公共预算决算表格。

8. 社会保障支出占比：指地级市全市一般公共预算支出中社会保障支出的占比，用于反映地方政府对社会保障支出责任的承担情况。数据来源：各省份统计年鉴、各地级市全市一般公共预算决算表格。

9. 科技支出占比：指地级市全市一般公共预算支出中科技支出的占比，用于反映地方政府对科技发展的重视程度。数据来源：《中国城市统计年鉴》。

10. 环保支出占比：指地级市全市一般公共预算支出中环保支出的占比，用于反映地方政府在发展“绿色经济”方面所做的努力。数据来源：各省份统计年鉴、各地级市全市一般公共预算决算表格。

11. 行政管理支出占比：指地级市全市一般公共预算支出中行政管理支出（用一般公共服务支出衡量）的占比，用于反映地方政府行政管理能力与效率的高低。数据来源：各省份统计年鉴、各地级市全市一般公共预算决算表格。

12. 显性负债率：指地级市全市一般债券与专项债券余额之和与地区生产总值的比值，用于反映地方政府负有偿还责任的负债水平。数据来源：各地级市全市财政决算表格、《中国城市统计年鉴》。

13. 隐性负债率：指地级市全市地方城投公司的有息债务余额与地区生产总值

的比值，用于反映地方政府在法定政府债务限额之外直接或承诺以财政资金偿还等方式举借的债务。数据来源：Wind数据库、《中国城市统计年鉴》。

14. 广义负债率：指显性负债率与隐性负债率之和，用于反映地方政府整体的负债水平。数据来源：各地级市全市财政决算表格、Wind数据库、《中国统计年鉴》。

15. 普通中学师生比：指地级市普通中学教师数与在校学生数的比值，用于反映该城市教育资源的丰富程度。数据来源：《中国城市统计年鉴》。

16. 普通小学师生比：指地级市普通小学教师数与在校学生数的比值，用于反映该城市教育资源的丰富程度。数据来源：《中国城市统计年鉴》。

17. 人均图书馆藏书量：指地级市居民人均拥有的公共图书馆图书藏量，用于反映该城市公共文化服务资源的丰富程度。数据来源：《中国城市统计年鉴》、各地级市统计年鉴。

18. 人均医生数：指地级市居民每万人拥有的执业（助理）医师数，用于反映该城市医疗资源的丰富程度。数据来源：《中国城市统计年鉴》。

19. 人均实有城市道路面积：指地级市居民人均实有城市道路面积的大小，用于反映城市基础设施建设情况。数据来源：《中国城市统计年鉴》、各地级市统计年鉴。

图书在版编目（CIP）数据

中国各地区财政发展指数报告. 2022/马光荣，吕冰洋主编. -- 北京：中国人民大学出版社，2024.3
（中国人民大学研究报告系列）
ISBN 978-7-300-32592-7

Ⅰ.①中… Ⅱ.①马… ②吕… Ⅲ.①地方财政-研究报告-中国- 2022 Ⅳ.①F812.7

中国国家版本馆 CIP 数据核字（2024）第 043573 号

中国人民大学研究报告系列
中国各地区财政发展指数报告 2022
主　编　马光荣　吕冰洋
Zhongguo Ge Diqu Caizheng Fazhan Zhishu Baogao 2022

出版发行	中国人民大学出版社		
社　　址	北京中关村大街 31 号	**邮政编码**	100080
电　　话	010－62511242（总编室）		010－62511770（质管部）
	010－82501766（邮购部）		010－62514148（门市部）
	010－62515195（发行公司）		010－62515275（盗版举报）
网　　址	http://www.crup.com.cn		
经　　销	新华书店		
印　　刷	唐山玺诚印务有限公司		
开　　本	787 mm×1092 mm　1/16	**版　　次**	2024 年 3 月第 1 版
印　　张	9.25 插页 1	**印　　次**	2024 年 3 月第 1 次印刷
字　　数	165 000	**定　　价**	35.00 元